AF177179

Lizenz zum Wissen.

Sichern Sie sich umfassendes Wirtschaftswissen mit Sofortzugriff
auf tausende Fachbücher und Fachzeitschriften aus den Bereichen:
Management, Finance & Controlling, Business IT, Marketing,
Public Relations, Vertrieb und Banking.

Exklusiv für Leser von Springer-Fachbüchern: Testen Sie Springer
für Professionals 30 Tage unverbindlich. Nutzen Sie dazu im
Bestellverlauf Ihren persönlichen Aktionscode C0005407 auf
www.springerprofessional.de/buchkunden/

**Jetzt
30 Tage
testen!**

Springer für Professionals.
Digitale Fachbibliothek. Themen-Scout. Knowledge-Manager.

🔍 Zugriff auf tausende von Fachbüchern und Fachzeitschriften

⏱ Selektion, Komprimierung und Verknüpfung relevanter Themen
durch Fachredaktionen

✎ Tools zur persönlichen Wissensorganisation und Vernetzung

www.entschieden-intelligenter.de

Springer für Professionals

Innovationen im Mittelstand erfolgreich managen

Winfried Neun

Innovationen im Mittelstand erfolgreich managen

25 Tipps für die praktische Umsetzung

Winfried Neun
K.O.M.
Kommunikations- und Managementberatungs GmbH
Steißlingen, Deutschland

ISBN 978-3-8349-3106-1   ISBN 978-3-8349-3730-8 (eBook)
DOI 10.1007/978-3-8349-3730-8

Die Deutsche Nationalbibliothek verzeichnet diese Publikation in der Deutschen Natio-
nalbibliografie; detaillierte bibliografische Daten sind im Internet über http://dnb.d-nb.de
abrufbar.

Springer Gabler
© Springer Fachmedien Wiesbaden 2015
Das Werk einschließlich aller seiner Teile ist urheberrechtlich geschützt. Jede Verwertung,
die nicht ausdrücklich vom Urheberrechtsgesetz zugelassen ist, bedarf der vorherigen Zu-
stimmung des Verlags. Das gilt insbesondere für Vervielfältigungen, Bearbeitungen, Über-
setzungen, Mikroverfilmungen und die Einspeicherung und Verarbeitung in elektronischen
Systemen.

Die Wiedergabe von Gebrauchsnamen, Handelsnamen, Warenbezeichnungen usw. in diesem Werk berechtigt auch ohne besondere Kennzeichnung nicht zu der Annahme, dass
solche Namen im Sinne der Warenzeichen- und Markenschutz-Gesetzgebung als frei zu betrachten wären und daher von jedermann benutzt werden dürften.

Lektorat: Manuela Eckstein

Gedruckt auf säurefreiem und chlorfrei gebleichtem Papier

Springer Gabler ist eine Marke von Springer DE. Springer DE ist Teil der Fachverlagsgruppe
Springer Science+Business Media.
www.springer-gabler.de

*Ich widme dieses Buch in Liebe meinen
Kindern Nadja, Marius und Lukas,
die mir stets viel Kraft gegeben haben*

Vorwort

Innovationen müssen be-greifbar sein!

Winfried Neun

Die Idee zu diesem Buch hatte ich bei einem der vielen Workshops zur Implementierung eines professionellen Innovationsmanagements. Hierbei hat sich, wie später durch eine Studie bestätigt, gezeigt, dass es nicht ausreicht, wenn ein Unternehmen sich nur modernste Methoden des Innovationsmanagements aneignet, ohne das Gesamtkonstrukt für eine innovative Unternehmensführung zu verändern. Gerade im Mittelstand sind hierbei noch große Potenziale in der Leistungskraft vorhanden, die die Unternehmen im internationalen Kontext noch schlagkräftiger und wettbewerbsfähiger machen würden.

Dabei sind neben den rein methodischen und betriebswirtschaftlichen Ansätzen auch neue Erkenntnisse aus der Neuropsychologie umzusetzen. Ich nenne in einzelnen Kapiteln diesen Aspekt die **Neuroführung** – eine innovative Unternehmensführung, die gerade die psychologischen Aspekte in den sehr komplexen und sensiblen Prozessen des Innovationsmanagements berücksichtigt. Studien haben gezeigt, dass hier ein unerschöpfliches Leistungspotenzial in den Unternehmen schlummert, das teilweise aus Berührungsängsten und teilweise aus Unwissenheit nicht gehoben wird.

Dieses Buch erhebt dabei nicht den Anspruch einer wissenschaftlichen Abhandlung zu diesen Themen, sondern soll an praktischen Beispielen auszugsweise Einblicke in die Wirkmechanismen und Leistungsbremsen im Innovationsmanagement geben. Alle Tipps sind praktisch erprobt und haben in vielen Projekten zu signifikanten Verbesserungen bei den betreuten Unternehmen geführt. Verstehen Sie jeden Tipp als Anregung und Aufforderung, einmal mutig etwas Neues oder das Alte anders zu machen. Die Versuche helfen Ihnen dabei, die Dinge noch schneller und effizienter zu gestalten, die Ihren unternehmerischen Erfolg im Bereich des Innovationsmanagements beeinflussen.

Die Tipps sind unabhängig voneinander aufgebaut, so dass eine gezielte Auswahl durch den Lesenden erfolgen kann und ein chronologisches Durcharbeiten nicht notwendig ist. Bei jedem Tipp finden Sie zum Einstieg eine kurze Beschreibung, wann Ihnen dieser Tipp helfen könnte. Sollten Sie nach diesen ersten Zeilen erkennen, dass sich diese oder ähnliche Situationen in Ihrem Unternehmen abspielen, dann empfehle ich Ihnen unbedingt weiterzulesen. Weitergehende Literatur und neueste Studienergebnisse können Sie auf meiner Homepage www.dererfolgsmacher.de downloaden oder nachlesen.

Jetzt wünsche ich Ihnen viel Spaß beim Lesen und viele kreative sowie innovative Inspirationen für Ihren unternehmerischen Erfolg im harten Wettbewerbskampf.

Ihr
Winfried Neun

Inhaltsverzeichnis

Tipp 1: Psychologische Hürden im Innovationsmanagement rechtzeitig erkennen

Wann Sie diesen Tipp anwenden können

▶ ... wenn bei den Mitarbeitern die Motivation, etwas Neues zu machen, sehr schwach ausgeprägt ist,

▶ ... wenn Ängste blockieren oder Abgrenzungen der Abteilungen untereinander dominieren,

▶ ... wenn Erfahrung und Kreativität nicht harmonisch zusammen eingesetzt werden,

▶ ... wenn bei Innovationsprojekten in der Organisation das „ICH" dominiert und nicht das „WIR".

Situationsbeschreibung am Beispiel

Bei den nachfolgenden Beispielen handelt es sich um Unternehmen aus dem Automotivbereich, die sich als Markenhersteller in einer Nische des Caravan-Marktes etabliert haben. Ein Markt, der sehr schwierig zu beherrschen ist, da er weltweit sehr starken Schwankungen unterliegt. Dies ist insbesondere der Tatsache geschuldet, dass Caravaning als Reiseform an sich eher rückläufig ist und als

Luxusgut in schwierigen ökonomischen Zeiten – wie z. B. der Eurokrise – eher eingespart wird.

Umso kritischer und psychologisch sensibler sind die Innovationsprojekte zu behandeln. Eine Art psychologische Schockstarre, verbunden mit dem Irrglauben, dass sich alles von selbst regelt, beherrscht die gesamte Branche und das Bewusstsein vieler Mitarbeiter in den einzelnen Unternehmen. Es herrscht nicht die notwendige Aufbruchsstimmung, sondern die innere Einstellung, dass Neuerungen in dieser Branche sowieso keine Chance haben. Es handelt sich hier ja um eine traditionsreiche Branche mit den immer gleichen Marktteilnehmern und ihren erkämpften Komfortzonen. Veränderungen werden stets mit dem Argument abgetan, dass ja schon viele versucht haben, etwas zu ändern, und damit gescheitert sind. Diese Blockadehaltung führt natürlich, gemäß einer sich selbst erfüllenden Prophezeiung, zu einem starken Rückgang der Branche wie zuletzt in 2013.

Für das Individuum in dem Unternehmen bedeutet dies, dass die Machtpromotoren nicht bereit sind, ihre durchdachten Vorschläge zur Erneuerung von Produkten und Dienstleistungen wie z. B. modernes Außendesign der Reisemobile oder E-Mobilität als umfassendes Konzept in dieser Freizeitbranche anzunehmen und mit ausreichender Motivation zu fördern. Gute Ideen und innovative Ansätze versanden im psychologischen Dschungel der Selbstgefälligkeit und Ignoranz wahrer Megamarkttrends. Sicherlich wird der eine oder andere Leser nun sagen, das kann doch nicht sein – doch, es kann sein! Und hier ist die Caravan-Branche kein Sonderfall. Gleiche oder ähnliche Phänomene finden sich in der Sanitärbranche, Baubranche und dem Dienstleistungsgewerbe wieder. Bei allen ist die psychologische Hürde gegen das Neue so stark ausgeprägt, dass die Unternehmen hierfür ihre eigene Existenz aufs Spiel setzen. Dabei sind die psychologischen Barrieren so leicht zu überwinden und das Risiko des Versagens kann auch hier gering gehalten werden.

Fehlende Selbstberuhigung und Selbstmotivation, gepaart mit einem kollektiven Bewusstsein der Unveränderbarkeit der aktuellen Situation, führen zu einem Trägheitsmoment, in dem notwendige Anpassungsschritte einfach verdrängt werden. Ein Beispiel aus der jüngsten Vergangenheit ist die Solarindustrie oder das Verlagswesen, das den Trend zum E-Book nicht ausreichend in sein Geschäftsmodell eingearbeitet hat.

Problemdiagnose

Lassen Sie uns doch einmal im Detail die psychologische Situation in solchen schwierigen Umfeldern analysieren. Ein besseres Verständnis der psychologischen Zusammenhänge hilft dabei, die Lösungsansätze besser umsetzen zu können.

Eine Vielzahl von Untersuchungen durch Motivationspsychologen hat gezeigt, dass positive Stimmungen bei sich selbst und bei Anderen die Umsetzung von definierten Absichten erleichtert. Unter Stimmungen werden hierbei nicht nur Fröhlichkeit, Ausgelassenheit oder Traurigkeit verstanden, sondern ein ganzer Blumenstrauß von Emotionen, die in Summe als Affekte bezeichnet werden. Diese Affekte steuern den Denk- und Wahrnehmungsprozess in unserem Gehirn, eine Erkenntnis des Psychologen Prof. Dr. Kuhl von der Universität Osnabrück. Seine Persönlichkeitsinteraktionstheorie werde ich in Tipp 13 noch detailliert beschreiben.

Abbildung 1.1 zeigt dabei den Zusammenhang zwischen Denken und Handeln und wo das Stimmungsmanagement einsetzt. Wir Menschen haben vom Denken zum Handeln stets einen Umweg zu beschreiten – den Umweg der Absicht. So schreibt Shakespeare in seinem Macbeth:

„Der flücht'ge Vorsatz ist nicht einzuholen, es gehe denn die rasche Tat gleich mit."

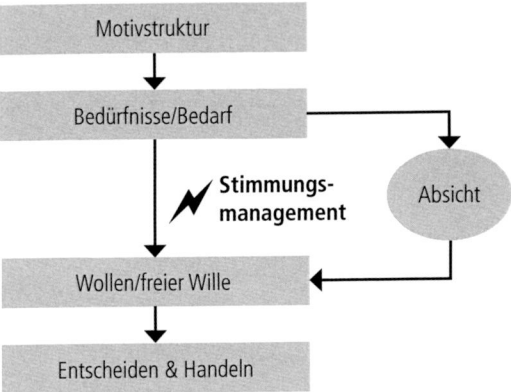

Abb. 1.1 Denken und Handeln. (Quelle: K.O.M. GmbH)

Die Absichtserklärung oder der Vorsatz für eine geplante Handlung, z. B. ein neues innovatives Außendesign beim Reisemobil umzusetzen, ist sehr angreifbar. Passt die Stimmungslage im Umfeld oder der eigenen Organisation hierzu nicht, wird eine erfolgversprechende Idee verworfen. Die Absicht braucht zur erfolgreichen Umsetzung einen gesunden, positiven und motivierenden Nährboden, um dann zur Handlung heranzureifen. Wenn dieser Nährboden aber durch Verlustängste, potenzielle Schwierigkeiten oder einseitige Risikobewertung vergiftet wird, dann blockiert unser Gehirn automatisch die mögliche Handlung. Verschiedenste Versuche haben gezeigt, dass Menschen bei dem Gefühl, etwas Besonderes, Erfolgreiches und Erstrebenswertes zu leisten, sehr schnell handeln. Sie baden quasi in diesen positiven Affekten des möglichen Erfolges. Die Bedenken werden dann ausgeblendet. Bei Menschen oder Organisationen, die jedoch nur die Schwierigkeiten in den Vordergrund stellen, kommt es zu keiner Umsetzung. Sie bleiben ihrem Schicksal verhaftet. Und wenn Menschen oder Organisationen beides, also die positiven Aspekte und die Schwierigkeiten, gleichermaßen ausgewogen betrachten, dann entsteht der innere Drang, das definierte Ziel erreichen zu wollen. Diese Ausgewogenheit setzt ein professionelles Stimmungsmanagement bei sich selbst und seiner Organisation voraus.

Die Machtpromotoren, also alle Führungskräfte und Menschen mit hohem Einfluss in die Organisation (z. B. Investoren), müssen hierbei viel bewusster die Stimmungslage bei sich selbst und den Mitarbeitern erkennen. Der Willensbahnungseffekt (Abbildung 1.1) kann sehr gezielt über das Stimmungsmanagement gefördert oder gebremst werden und psychologische Hürden können somit schnell überwunden werden. Die professionelle Neuroführung ist ein Erfolgstreiber im Kreislauf des Innovationsprozesses (Abbildung 1.2) und fördert aktiv den Entscheidungs- und Veränderungsprozess.

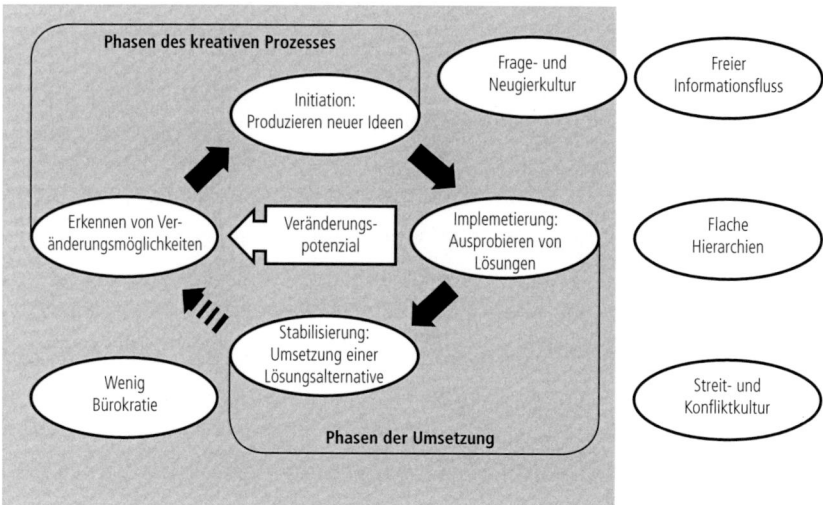

Abb. 1.2 Psychologie der Innovation. (Quelle: Speednovation®, K.O.M. GmbH, 2007)

Problemlösung

Wie kann Neuroführung erfolgreich umgesetzt werden? Wie schafft man es, die Absicht einer bahnbrechenden Innovation in der Organisation schnell und widerstandsarm umzusetzen?

Die Antwort: durch bewusste Steuerung der Wahrnehmungs- und Verarbeitungsprozesse in unserem Gehirn. Hierzu bedarf es nicht viel. Ich muss verstehen, dass der Widerstand bei Veränderungen und Neuem kein bewusster Akt ist, sondern in den meisten Fällen ein Ergebnis der Interaktion von Teilen unseres Gehirns. Das Absichtsgedächtnis, in dem wir unsere Vorsätze kurzfristig abspeichern, gibt dem positiven und handlungsbahnenden Affekten einen Dämpfer – frei nach dem Motto: STOPP! Können wir das mit unseren bisherigen Routinen und Erfahrungen in Einklang bringen oder gar lösen? Diese gedämpfte Energie reicht aber nicht aus, um neue Handlungen (z. B. einen Perspektivwechsel in der Nutzenbewertung und Arbeitsweise von F & E und Marketing als Betroffene für ein neues Außendesign bei Reisemobilen) wirklich umzusetzen. Die Hürden der Behinderungen werden somit im Kopf nicht überwunden. Dies kann jedoch dadurch erreicht werden, dass die Machtpromotoren in der Organisation sich selbst und den Mitarbeitern Mut machen, diese Ziele auf eine ganz neue oder flexiblere Art und Weise anzugehen. Ein Mut, der nicht aus einer rationalen, also vernunftgesteuerten Überlegung entsteht, zumal in Innovationsprojekten viele Ansätze nicht rational beweisbar sind, sondern auf einer intuitiven Überzeugung, das Richtige zu tun, beruhen. In unserem konkreten Beispiel bedeutet dies, dass ein neues Außendesign für ein Reisemobil bei Prototypen einfach gemacht und dann über Testpersonen das Ergebnis verifiziert wurde. Der Mut und die Überzeugung der Mächtigen sind hierfür notwendig, aber auch ihre Sensibilität und Bereitschaft, auf Stimmungslagen neurointelligent zu reagieren.

Natürlich fragt sich jetzt der eine oder andere Leser, wie er dann die potenziellen Risiken beherrschen soll. Hierzu bedarf es neben guter Menschenkenntnis, eigenem Querdenken und einem Stück Risikobereitschaft nicht viel. Als Machtpromotor bin ich Unternehmer und als solcher gehe ich täglich Risiken ein – wenn ich das tue, was ich liebe und wovon ich überzeugt bin, entwickelt sich das Maß an notwendiger Selbstmotivation, um erfolgreich zu sein, von selbst. Die positiven Affekte in uns machen uns wachsam, weitsichtig und selbstbewusst. Dies sind alles notwendige Voraussetzungen für eine richtige Entscheidung. Um diese Kräfte wirken zu lassen, bedarf es jedoch einer selbstkritischen Auseinandersetzung mit seinen bisherigen Denkmustern und Selbstregulationsmechanismen. Bisherige Verdrängungsstrategien sind offenzulegen und ein kritisches Hinterfragen ist notwendig.

Für unsere Praxisbeispiele bedeutet dies einen Machtkampf zwischen verschiedenen Machtpromotoren, den ewiggestrigen Bewahrern und den Reformern. Die Reformer gewannen und setzten neue Maßstäbe im Innen- und Außendesign bei Reisemobilen, was dem Unternehmen erfolgreiche Jahre bescherte, selbst bei rückläufigen Zulassungszahlen in der Caravan-Branche.

Denkanstöße

- Haben Sie Ihre eigene Stimmungslage schon einmal bewusst analysiert? Mit welchem situationsabhängigen Ergebnis?
- Haben Sie Ihre Mitarbeiter und Führungskräfte schon einmal aktiv aufgefordert, die Innovationsprojekte einmal mit mehr Herzblut, Einsatzfreude und Spaß am Erfolg zu betreiben?

- Diskutieren Sie einmal intensiv mit Ihrem Innovationsteam über das „gefühlte Warum" dieser Innovation und zwar aus persönlicher, unternehmensspezifischer und kundenspezifischer Sichtweise. (Sammeln Sie damit die positiven Affekte/Gefühle.)
- Schaffen Sie Prozessklarheit unter den verschiedenen Machtpromotoren – klären Sie die Motivationskiller und Motivationstreiber im direkten und angstfreien Gespräch.
- Lokalisieren Sie die psychologischen Hürden mit Ihren Mitarbeitern und Führungskräften, indem Sie einen angstfreien Dialog aufbauen.

Tipp 2: Die unternehmensspezifische Innovationspersönlichkeit beschreiben und verändern

Wann Sie diesen Tipp anwenden können

▶ ... wenn eine besondere Trägheit bei der Umsetzung von Innovationsprojekten erkennbar ist,

▶ ... wenn aufgrund fehlender Ideen es statt zu echten Innovationen nur zu inkrementellen Innovationen kommt,

▶ ... wenn der Preiskampf in den Märkten immer stärker wird und es zu massiven Ertragsverlusten bei den Produkten kommt,

▶ ... wenn trotz hoher Investitionen in das Innovationsmanagement der Erfolg an echten Innovationen ausbleibt.

Situationsbeschreibung am Beispiel

Für diesen praktischen Tipp habe ich ein Projektbeispiel aus dem Bereich Maschinenbau herausgesucht – ein erfolgreiches Unternehmen im Bereich des Sonderanlagenbaus, das jedoch in den letzten Jahren immer mehr mit asiatischen Wettbewerbern und damit erhöhtem Preisdruck zu kämpfen hat. Die Innovationskraft des Unternehmens bleibt dabei konstant niedrig, obwohl gerade hierdurch eine erfolgreiche strategische Alternative zum internationalen Preiskampf entwickelt werden könnte. Mit ca. 1500 Mitarbeitern ein klassischer Mittelstandsbetrieb, der an sich gerade in dieser Branche als besonders innovativ gilt. Viele Beispiele zeigen aber das Gegenteil – die Innovationsreserven sind in dieser Branche noch enorm, gemäß dem Motto: Man muss nicht schlecht sein, um besser zu werden.

Was ist jedoch geschehen?

Das Unternehmen steht aufgrund des gestiegenen asiatischen Wettbewerbs unter einem immer größer werdenden Leidensdruck hinsichtlich seiner Ertragskraft. Leider wurde dieser Leidensdruck im Unternehmen falsch kanalisiert, was aus Angst vor Arbeits- und Machtverlust zu einem Rückzug der Entscheidungsträger führte. Fehlende Dynamik und Eigeninitiative prägten den Innovationsprozess der Unternehmung. Ohne direkte Impulse durch die Machtpromotoren (Geschäftsführung und Inhaber) kam es zu keiner signifikanten Innovation in den letzten Jahren. Da die Impulse nur rudimentär sein konnten, begannen selbst klare und konkrete Ansätze in der Organisation zu versanden. Das Unternehmen lief Gefahr, im Bereich der Innovation still zu stehen, trotz größerer Investitionen in Methoden sowie in Organisationbereiche, die für ein professionelles Innovationsmanagement verantwortlich sind.

Eine Analyse der Innovationspersönlichkeit dieses Unternehmens war notwendig geworden, um die Schwachstellen, Blockaden, Motivationsreserven und notwendigen Handlungsfelder zu erkennen. Dabei war es wichtig, nicht nur einen Teilaspekt zu beleuchten, wie z. B. eine Optimierung der F & E-Prozesse, sondern das Unternehmen als einen ganzen Organismus zu untersuchen und damit als eigenständige Persönlichkeit zu analysieren. Diese Analyse basierte auf den Erkenntnissen verschiedener Forschungsprojekte, die sich mit der Frage beschäftigen, warum manche Organisationseinheiten leichter und andere weniger leicht zu führen und zu verändern sind. Dieses Analyse-Tool führt zu einem Innovations-EKG, das die wesentlichen „Herzfunktionen" im Innovationsmanagement überprüft.

Problemdiagnose

Als erster Schritt wurde über Desk-Research-Analysen und qualifizierte Interviews versucht, die grobe Typologie des Unternehmens zu beschreiben. Diese sehr grobe Betrachtung dient dazu, zentrale Schwerpunkte im Überblick zu erkennen. Die Darstellung in Abbildung 2.1 zeigt eine Matrix bestehend aus zwei Achsen:

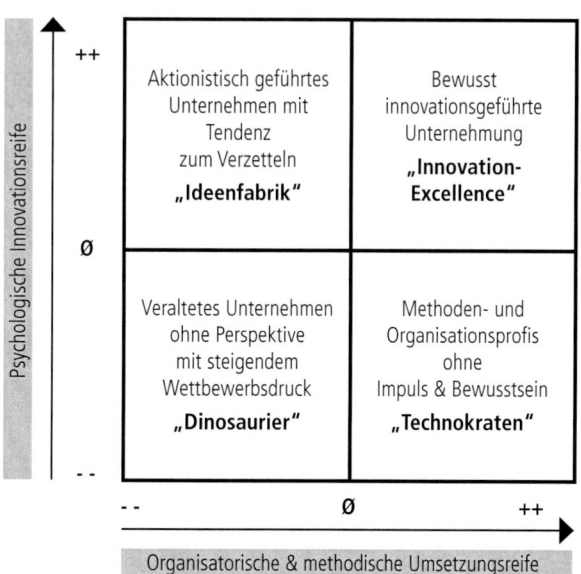

Abb. 2.1 Arten von Innovationsunternehmen.
(Quelle: Speednovation®, K.O.M. GmbH, 2007)

Achse 1: Psychologische Innovationsreife

Typische Fragen sind dabei:

- Inwieweit ist die Organisation überhaupt reif für Innovationen?
- Wie ist die Einstellung der Mitarbeiter und Führungskräfte in der Organisation hinsichtlich Neuerungen?
- Wie ist die Stimmungslage im Unternehmen bei Innovationsprojekten?
- Welche Treiber und welche Bremser gibt es im Innovationsmanagement?
- Sind die Kräfte zwischen Machtpromotoren – Fachpromotoren, Prozesspromotoren und Stimmungspromotoren (vgl. Witte 1973, S. 17 f., Hauschild 1988, S. 378–388, Neun 2012, S. 51 ff.) – richtig verteilt?

Ziel bei der Analyse dieser Achse ist es festzustellen, wie das Unternehmen hinsichtlich seiner Softfact-Struktur aufgestellt ist und wo die Innovationspsychologie therapeutisch eingreifen muss, um eine Optimierung des Innovationsmanagements zu erreichen.

Achse 2: Organisatorische und methodische Umsetzungsreife

Typische Fragen sind hier:

- Welche Organisationsformen hat das Unternehmen für das Innovationsmanagement gewählt?
- Auf welche Methoden setzt das Unternehmen bei seiner Innovationskraft?
- Welche zentralen Prozesse hat es installiert und welche angepasst?
- Wie lautet die Innovationsstrategie und ist diese kompatibel zur bestehenden strategischen Identität?
- Wie „bürokratisch" bearbeitet das Unternehmen Innovationsideen?

Ziel bei der Analyse dieser Achse ist es, die groben Rahmenbe-dingungen in Organisation, Methodik und Ausrichtung zu be-schreiben. Dabei sollen Vergangenheit und Gegenwart intensiv be-trachtet werden, um einen faktischen Wandel und dessen Auswir-kung zu prognostizieren.

In Kombination beider Achsen gibt es links oben die Ideenfabrik (Abbildung 2.1). Eine Art von Innovationspersönlichkeit im Un-ternehmen, die viele Ideen, hoch kreative Ansätze und unendlich viele Absichten produziert, aber mangels einer professionellen Sys-tematik und Organisation eine direkte Umsetzung mit Markterfolg verhindert (z. B. Märklin). Links unten haben wir die Dinosaurier, die weder die Ideen noch die Methoden haben, um sich im interna-tionalen Wettbewerb zu behaupten – eine Innovationspersönlich-keit, die unweigerlich zum Aus führen muss (z. B. Solarindustrie). Rechts unten haben wir die Technokraten. Dies charakterisiert Unternehmen, die sich durch sehr professionelle und moderne Methoden im Innovationsmanagement auszeichnen, viele intelli-gente Tools haben, aber kaum Eigeninitiative und Mut entwickeln (z. B. Unternehmen aus Sonderanlagenbau). Rechts oben befinden sich die Gewinner bzw. Benchmarks. Hier stimmt alles, sowohl die psychologischen Voraussetzungen als auch die dafür notwendigen Rahmenbedingungen. Als Innovation-Excellence bezeichnet zeigen diese Unternehmen, wie durch eine intelligente Neuroführung und solide Methodik sowie Organisationsentwicklung eine innovative Unternehmensführung möglich wird. Beispiele gibt es hierfür ge-nügend. Eines ist die Schott AG, die 2012 den deutschen Innova-tionspreis gewann. Ein weiteres Beispiel ist ein Unternehmen, das im Bereich der Medizintechnik dank seiner hervorragenden inno-vativen Produktansätze für das optimierte Krankenhaus von mor-gen rasant wächst.

Unser konkretes Beispiel ist ein klassischer Technokrat. Trotz umfassender Investitionen in Methoden, IT-Lösungen, Organisationsentwicklung und Mitarbeiterschulung gelang es nicht, die Innovationskraft zu steigern. Die mentale Reife fehlte in der Organisation. Um hier eine bessere Diagnose erstellen zu können, wurde ein detailliertes Innovations-EKG durchgeführt. In Abbildung 2.2 finden Sie ein derartiges Innovation-EKG als anonymisiertes Beispiel.

Über diese Detailanalyse können neben der Grobeinschätzung bezogen auf die Innovationspersönlichkeit auch die konkreten Handlungsfelder zur Veränderung abgeleitet werden.

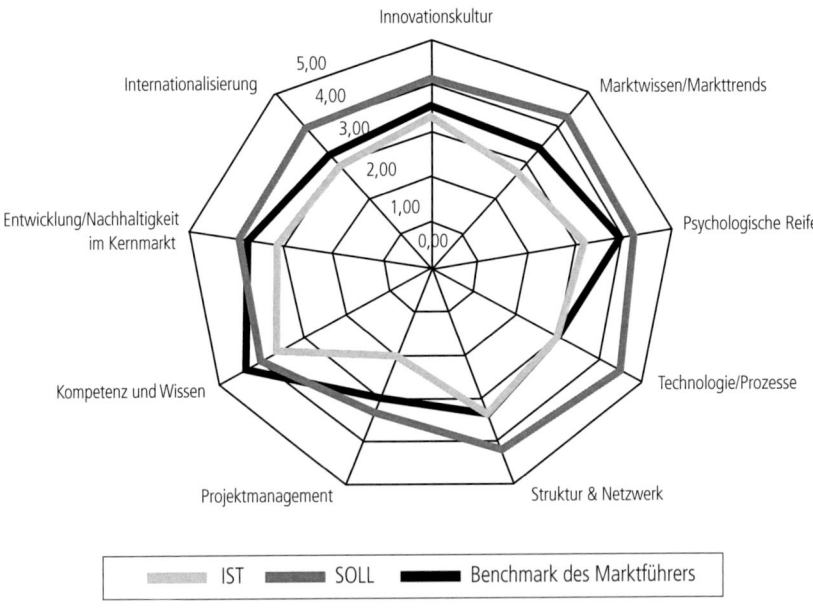

Abb. 2.2 Innovations-EKG – graphische Darstellung.
(Quelle: Speednovation®, K.O.M. GmbH, 2007, nach: Der Blaue Ozean als Strategie: Wie man Märkte schafft, wo es keine Konkurrenz gibt, Kim, W. Chau/Mauborgne, Renée, Hanser, 2005, S. 26)

In unserem Beispiel waren diese zentralen Ansätze:

- Fehlende Innovationsstrategie und Vision zur Orientierung aller Mitarbeiter und Promotoren
- Fehlende Bereitschaft zur offenen internen Kommunikation
- Fehlende bzw. unklare Kompetenzreglungen zur Entscheidungsfindung und aktiven Übernahme von Verantwortung
- Unreife Innovationskultur, was den Umgang mit Ideen, Veränderungen und Kritik anbelangt
- Falsche Fehlerkultur aufgrund des wirtschaftlichen Drucks, was zur indirekten „Fehlerbestrafung" führte und eine lernende Organisation verhinderte

Problemlösung

Um nun diese obengenannten Defizite systematisch und nachhaltig zu beseitigen, bedurfte es einiger Überzeugungsarbeit bei den Macht-/Fachpromotoren, weniger bei den Prozess- und Stimmungspromotoren, denn diese erkannten schnell die Chancen. Bei den Macht-/Fachpromotoren hingegen führte falscher Ehrgeiz, alles allein zu können, zu einer Fehleinschätzung der tatsächlichen Situation, und ein territoriales Verteidigungsverhalten erzeugte dann eine Veränderungsblockade. Die ehrliche Auseinandersetzung mit den Analyseergebnissen verlangte schon ein hohes Maß an Selbstkritik und Veränderungswillen. Hierbei war es wichtig, eine weitere Erkenntnis aus der Psychologie einzusetzen – der Art und Weise, wie wir Veränderungen erleben und lebendig machen. Abbildung 2.3a zeigt eine Art „Naturgesetz der Veränderung" bei Gesellschaften, Organisationseinheiten und beim Menschen selbst.

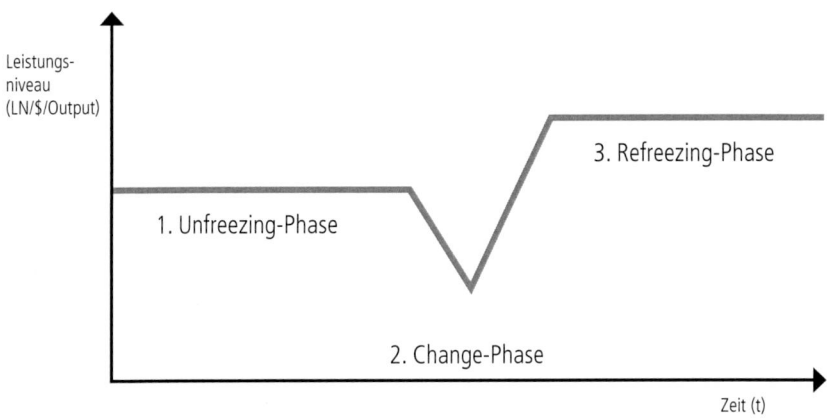

Abb. 2.3a   Naturgesetz der Veränderung. (Quelle: K.O.M. GmbH)

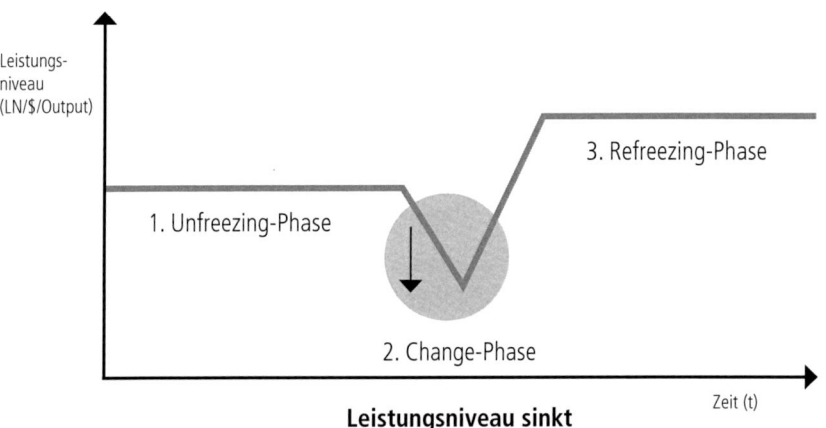

Abb. 2.3b   Change-Phase führt zuerst zu Leistungsrückgang.
(Quelle: K.O.M. GmbH)

Drei Phasen definieren dabei den Veränderungsprozess (vgl. Neun, 2011, S. 137 ff.):

Phase 1: Unfreezing

Die wichtigste Phase bei Veränderungsprozessen ist die Auftauphase, so auch in unserem konkreten Beispiel. Nur wenn es gelingt, die Menschen davon zu überzeugen, dass alle bisherigen Aktivitäten, Vorgehensweisen oder Anstrengungen zukünftig nicht mehr zum Erfolg führen, kann die Veränderung wirklich eingeleitet werden. Die Menschen müssen die Veränderung WOLLEN und dabei ist das MÜSSEN der Feind des WOLLENS. Wenn der freie Wille „Ja" zu einer Veränderung sagt, dann werden wir diese auch aktiv angehen. Ein freier Wille, der sehr stark von Urängsten aus der Zeit unserer Vorfahren geprägt ist. So greift z. B. das „Reptiliengehirn" (Abbildung 2.4) in den Willensbahnungsprozess aktiv ein. Dieser älteste Gehirnteil diente und dient heute immer noch zum Schutz vor lebensbedrohlichen Einflüssen aus unserer Umwelt. Jede Veränderung ist eine solche Gefahr, da hier oftmals die Chance eines Verlustes, einer Verletzung oder einer existentiellen Bedrohung verborgen sein könnte. Das Reptiliengehirn als direkte Verlängerung des Rückenmarks reagiert auf visuelle, körperliche oder psychische Bedrohung mit einem Schutzreflex – auch Fluchtreflex genannt. So war es zu Zeiten unserer Vorfahren wichtig, dass bei Identifizierung einer körperlichen Bedrohung – z. B. Säbelzahntiger – der Organismus in einen Fluchtmodus versetzt wird. Dies bedeutet, dass das gesamte Blut in die Laufmuskulatur, das Herz und die Lunge fließt, mit den Folgen, dass z. B. Magen und Gehirn unterversorgt werden. Wir bekommen einen trockenen Mund, haben leichte Magenkrämpfe und können nicht mehr klar denken. Schuld daran ist das Adrenalin, das über die Nebennierenrinde produziert und ausgeschüttet wird. Den Impuls hierfür sendet das Reptiliengehirn bei Erkennung einer potenziellen Gefahr. Sicherlich haben wir heute keine Säbelzahntiger mehr zu fürchten, aber der Mechanismus ist immer noch der Gleiche, auch bei Organisationsveränderungen, Kritikgesprächen, Prüfungen, Präsentationen vor Machtpromotoren und zuletzt bei allen Veränderungen, die uns selbst betreffen. Diese Schmerzvermeidungsstrategie gilt es in der Unfreezing-Phase gezielt auszuschalten und Lust auf die Veränderung zu machen. Eine Lustgewinnungsstrategie lässt Veränderungen schneller und nachhaltiger werden, was zu mehr Geschwindigkeit und höheren Erfolgschancen führt. Das Wissen um unser Reptiliengehirn muss dazu führen, dass unsere Kommunikation sensibler, die Sprache blumiger, die Chancen-Risiko-Balance deutlicher und die positiven Gefühle bei erfolgreicher Umsetzung der Veränderung bewusster dargestellt werden. Eine Veränderung aus Einsicht ist Theorie, nur wem es gelingt, in der Phase 1 des Unfreezings Lust auf Neues zu machen, kann ein erfolgreicher Innovator werden.

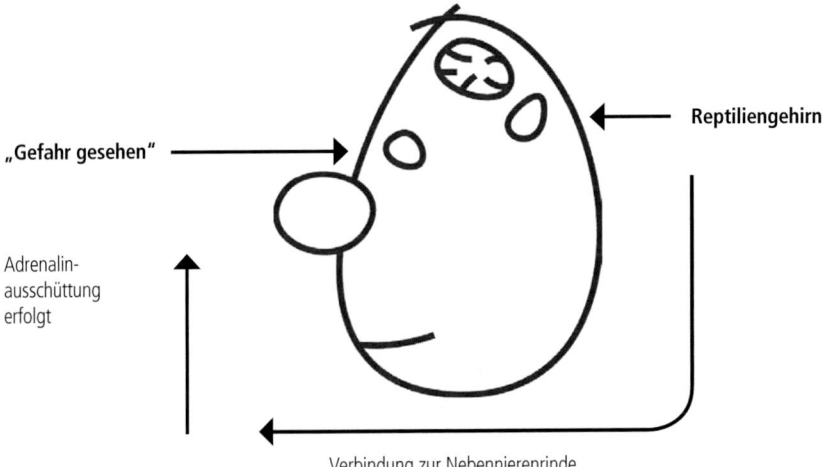

Abb. 2.4 Das Reptiliengehirn. (Quelle: K.O.M. GmbH)

Phase 2: Change

Wenn diese Change-Phase eintritt, dann wird das Leistungsniveau erst einmal wesentlich schlechter (Abbildung 2.3b). Dies hat seine Ursachen in der Vernetzung von Routinen in unserem Gehirn. Denn gerade Routinen erleichtern uns das Leben. Wer möchte schon jeden Morgen im Bad darüber nachdenken müssen, ob er zuerst die Zähne putzt oder duschen geht. Automatismen entlasten das Gehirn. Bei wesentlichen Veränderungen (z. B. Badumbau oder Krankheit) werden unsere Routinen durchbrochen und wir müssen ent-lernen, um Neues dazu zu lernen. Während dieses Prozesses werden wir langsamer und schlechter – das Leistungsniveau sinkt. Wenn z. B. im Unternehmen eine neue IT-Lösung eingeführt wird, ändern sich oftmals die Tastenkombinationen zum Realisieren von bestimmten Aufgaben, wie beispielhaft die Erstellung eines Listenausdruckes. Routinen fallen weg und ich muss mich beim Kollegen erkundigen, welche Tastenkombination jetzt benötigt wird – das kostet wertvolle Arbeitszeit. Wichtig ist in dieser Change-Phase, dass man das Ausprobieren und Suchen nach neuen Routinen auch bewusst zulässt und genau darauf achtet, wann der Scheitelpunkt des Einschreitens, also das Stopp für den Change, erreicht ist. Diesen Punkt darf man nicht verpassen, da ansonsten die Veränderung im Chaos endet. Eine Studie hat gezeigt, dass die gezielte Beobachtung der Mitarbeiter und deren Umgang mit den Neuerungen dabei helfen, das Ende der Change-Phase zu erkennen. Eine Vielzahl von Signalgebern unterstützt dabei den Führungsprozess in dieser kritischen Phase der Veränderung. In unserem konkreten Fall galt es, eine neue Innovationsstrategie spielerisch aufzubauen und notwendige Anpassungen in der Organisation mit den Betroffenen zu diskutieren. Am Ende dieser Diskussion war sehr schnell erkennbar, dass die Veränderung ab jetzt keine substantiellen neuen Ideen hervorbringt. Das Management stoppte daraufhin die Change-

Phase. Ein tragfähiges und nachhaltiges Gesamtkonzept war das Ergebnis dieser Arbeit und damit der erste Schritt im Veränderungsprozess vom reagierenden zum agierenden Innovator mit hoher Innovation-Excellence-Qualität (Abbildung 2.1) angegangen.

Phase 3: Refreezing

Jetzt galt es, in unserem konkreten Beispiel aus dieser neuen Innovationsstrategie und den daraus abgeleiteten Organisations-/Prozessanpassungen neue Routinen zu gestalten, Routinen, die die Neuausrichtung des Unternehmens beschleunigen und für Stabilität und Nachhaltigkeit sorgen sollen. Damit dies erfolgreich gelang, war es wichtig, wiederum alle Betroffenen zu Beteiligten zu machen und ihnen vor allem ausreichend Zeit zu lassen, um das „Neue" einzustudieren. Feedback-Schleifen sorgten für eine Feinanpassung und fingen negative Stimmungen sofort auf. Dabei darf das Feedback nicht zufällig sein, sondern muss über eine professionelle Projektstruktur institutionalisiert werden. Einer in Methoden der Neuroführung geschulten Führungsmannschaft fällt es dabei sehr leicht, die Überzeugungsarbeit und Vorgehensweise einer Routinenbildung zu unterstützen.

Die Refreezing-Phase ist genauso wichtig wie die Unfreezing-Phase. Denn mit der Standardisierung der Neuerung über Routinen erreicht man eine neue Konditionierung der Betroffenen und zeigt über Erfolge, wie wichtig die Entscheidung für die Veränderung war. Dies baut Brücken für die nächste notwendige Veränderung in der Organisation oder bei den Menschen – denn nichts ist so beständig wie der Wandel.

Denkanstöße

- Bobachten Sie einmal beim nächsten Change-Prozess die oben beschriebenen Phasen und bewerten Sie diese nach Notwendigkeit und Wirkung.
- Wo würden Sie Ihr Unternehmen bezüglich der Art von Innovationsunternehmen einordnen und wie würden Sie die Innovationspersönlichkeit dabei beschreiben?
- Welche Kriterien sollten im Rahmen eines Innovations-EKG aus Ihrer Sicht in Ihrem Unternehmen detailliert analysiert werden und warum?
- Welche Veränderungsstrategien haben Ihre letzten Veränderungsprozesse begleitet und wie deckungsgleich ist dies mit dem beschriebenen Beispiel und Inhalten?
- Lassen Sie einmal Ihre Führungskräfte ein visuelles, kein verbales Bild von der Innovationspersönlichkeit Ihres Unternehmens zeichnen und diskutieren Sie dies bei einem internen Workshop.

Quellen

Hauschild, J.; Chakrabarti, A.: Arbeitsteilung im Informationsmanagement – Forschungsergebnisse, Kriterien und Modelle, in: Zeitschrift für Organisation 1988, Jg. 57, S. 378–388

Neun, Winfried: Warum es uns so schwerfällt, das Richtige zu tun. Die Psychologie der Entscheidungen, Göttingen: BusinessVillage 2011

Neun, Winfried: Nach dem Crash ist vor dem Crash. Praktische Tipps, um aus Krisen zu lernen und neue zu vermeiden, Wiesbaden: Springer Gabler 2012

Witte, Eberhard: Organisation für Innovationsentscheidungen. Das Promotoren-Modell, Göttingen: Schwarz 1973

Tipp 3: Eine nutzenorientierte Innovationsbilanz erstellen

Wann Sie diesen Tipp anwenden können

▶ … wenn die Innovationsquote hinter dem Wettbewerb zurückliegt und eine Veränderung nicht in Sicht ist,
▶ … wenn die Umsetzungsdauer von Innovationsprojekten stets zu lange ist und Budgets nicht eingehalten werden,
▶ … wenn die realisierten Innovationen im Markt nicht den gewünschten Erfolg bringen,
▶ … wenn die Innovationserfolge eher zufällig sind, statt systematisch entwickelt wurden.

Situationsbeschreibung am Beispiel

Für diesen praktischen Tipp habe ich ein Unternehmen aus dem Bereich der Zweiradindustrie gewählt – eine Branche, in der Innovationen eine große Bedeutung haben und wo die Zulieferer gerade im Bereich der motorisierten Zweiräder unter hohem Kostendruck stehen. Die Energiewende ist dabei ein echter Innovationtreiber, da das E-Bike dadurch einen starken Nachfrageschub erfahren hat.

Hoher Preisdruck und beschränktes Absatzvolumen zwingen die Komponentenhersteller zu innovativen Höchstleistungen. Nur wem es gelingt, kontinuierlich die technologischen Neuerungen in seinen Produkten zu verarbeiten und damit innovative Produkte zu entwickeln, kann erfolgreich sein. In unserem konkreten Beispiel war dies leider nicht der Fall. Viele gute Ansätze wurden intern aus verschiedenen Gründen verworfen und die Frage einer nutzenorientierten Innovationsstrategie oftmals beiseitegeschoben. Dadurch verschlechterte sich natürlich die Position des Unternehmens im Markt und die Ertragskraft ging drastisch zurück. Das Unternehmen bewegte sich auf einen Abgrund zu, was bei den 800 Mitarbeiter zu starker Verunsicherung und Denkblockaden führte.

Problemdiagnose

Das Hauptproblem in unserem Projektbeispiel lag in der nur punktuellen und zufälligen Entwicklung von neuen Produkten bzw. Dienstleistungen. Es fehlte eine Systematik, mit der regelmäßig eine Bilanzierung der Innovationkraft möglich wäre und wo vor allem der marktorientierte Ansatz der Innovationsentwicklung besonders stark unterstützt wird. Daher entschied sich das dreiköpfige Management dafür, eine Innovationsbilanz auf Basis einer Nutzenkurvenanalyse vorzunehmen. Ziel war es dabei zu ermitteln, wie der gespendete Nutzen beim potenziellen Kunden durch Innovationen verbessert werden kann und welche internen Rahmenbedingungen hierfür geschaffen werden müssten.

Die Innovationsquote sollte dabei verdoppelt werden, was zwei Innovationen, und zwar echte Innovationen, im Jahr bedeutet. Wie Sie in Abbildung 3.1 sehen, ist das Analyse-Tool sehr stark darauf ausgerichtet, den Nutzenbeitrag des eigenen Unternehmens im Vergleich zum Benchmark und Wettbewerber zu optimieren.

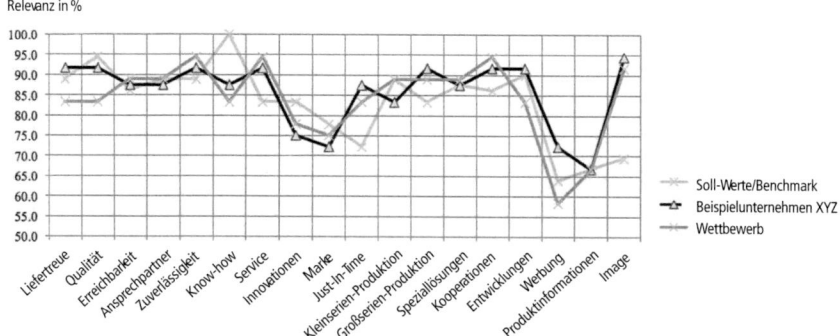

Abb. 3.1 Nutzenkurvenbetrachtung unseres Beispielunternehmens mit Vergleich von Wettbewerb/Benchmark. (Quelle: K.O.M. GmbH)

Darüber hinaus wurde durch eine Quickanalyse erkannt, dass die Rahmenbedingungen im Unternehmen eher Trägheit und Inflexibilität erzeugten statt Dynamik und Eigeninitiative. Daher schien es wichtig, auch die Führungs- und Organisationssituation im Rahmen eines Innovation-EKGs (vgl. Tipp 2) zu bilanzieren. In Summe würde die dadurch entstehende Innovationsbilanz aufzeigen, wo das Unternehmen Innovationskraft verliert, was zu langen Projektlaufzeiten, Budgetüberschreitungen und fehlendem Markterfolg geführt hat. Die nachfolgende Problemlösung soll jedoch nur den Teil der externen Analyse, also der Nutzenkurvenanalyse, beinhalten.

Problemlösung

Bei genauer Betrachtung von Abbildungen 3.1 ff. erkennt man, dass die Graphiken aus folgenden Parametern bestehen: Auf der x-Achse werden die Kriterien der Kunden beschrieben, die den zentralen Nutzen beinhalten, der durch die Produkte des Lieferanten befriedigt werden soll, oder welches die zentralen Kauf-/Entscheidungskriterien sind. Diese Kriterien wurden durch eine repräsentative Analyse bei bestehenden und potenziellen Kunden durchgeführt. Über ein spezielles Auswahlverfahren hat man sich dann im Unternehmen auf die dargestellten Kriterien geeinigt. Auf der y-Achse wurde dann die Relevanz für den gespendeten Gesamtnutzen der Kriterien dargestellt, und zwar für das Unternehmen und für die wichtigsten Wettbewerber, die dann zu einer Nutzenkurve verdichtet wurden.

Wie in Abbildung 3.2 ersichtlich, zeigt sich bei unserem Projektbeispiel, dass hier bei der Qualität der Leistungserbringung, beim Branchen-Knowhow und bei der Entwicklungsleistung doch ein erkennbarer Wettbewerbsvorteil vorliegt. Aber warum wurden dann nicht die notwendigen Erfolge im Markt erzielt? Hierauf gibt uns Abbildung 3.3 die Antwort. Im Bereich der Umsetzung von Entwicklungs- und Branchen-Knowhows in innovative Produkte zeigen sich noch nicht ausgeschöpfte Potenziale gegenüber dem Wettbewerb und dem Sollwert als Benchmark, der aus einer Datenbank von 1500 Unternehmen vergleichbarer Struktur, Größe und Branche entstammte. Hier zeigte sich dann die wahre Schwäche des Unternehmens, nämlich die Umsetzung von Wissen in marktgerechte Produkte. Dass die Marke damit keine besonders hohe Ausstrahlungskraft besitzt, zumal in diesem Markt das Innovationsimage eine große Rolle spielt, versteht sich von selbst. Die Produktion in Kleinserien hingegen, um auch diesen Aspekt anzusprechen, ist ein branchenspezifisches Problem, da Kleinserien meist sehr unwirtschaftlich sind. Über eine Steigerung der Innovationskraft kann hier nur indirekt Abhilfe geschaffen werden. Zusammenfassend zeigt sich, dass das Unternehmen zwar einige Wettbewerbsvorteile in der Nutzenbetrachtung aufweisen kann, aber auch schwerwiegende Defizite.

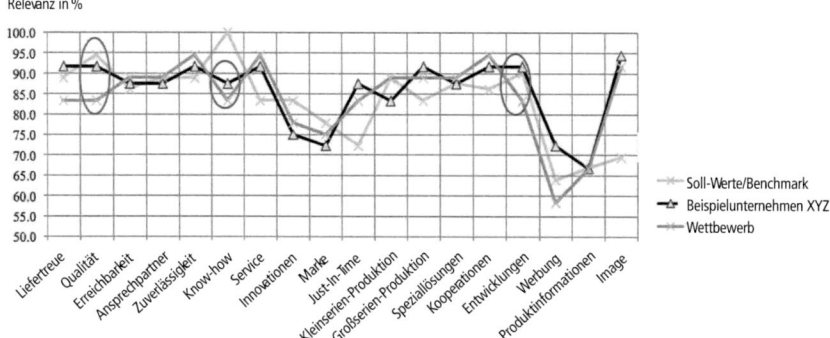

Abb. 3.2 Nutzenkurvenbetrachtung – Wettbewerbsvorteile unseres Beispielunternehmens im Vergleich zum Wettbewerb/Benchmark. (Quelle: K.O.M. GmbH)

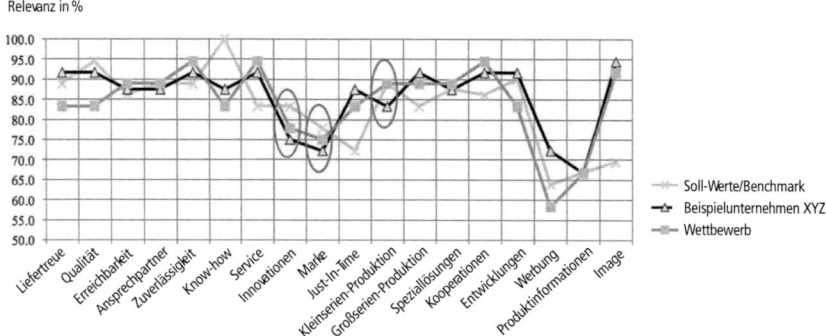

Abb. 3.3 Nutzenkurvenbetrachtung – Verbesserungspotenziale unseres Beispielunternehmens im Vergleich zum Wettbewerb/Benchmark. (Quelle: K.O.M. GmbH)

Betrachtet man noch die Kauf-/Entscheidungsmotive im Markt (Abbildung 3.4), dann lässt sich unschwer erkennen, dass das Unternehmen in einigen Bereichen die Entscheidungsmotive seiner Kunden nicht trifft.

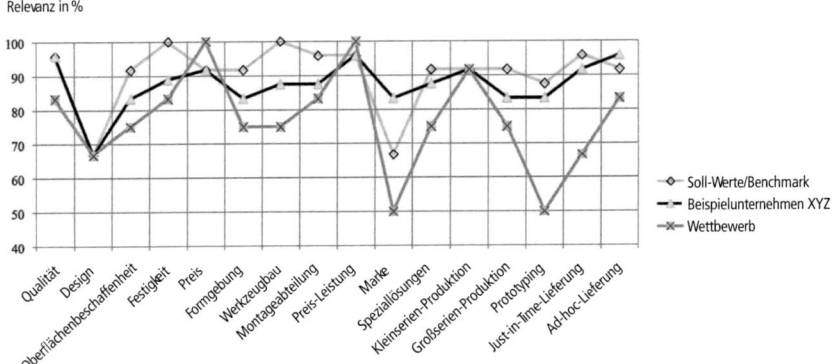

Abb. 3.4 Kauf- und Entscheidungsmotive der Kunden/Abnehmer. (Quelle: K.O.M. GmbH)

Insbesondere diejenigen, wie z. B. Preis/Leistung in der Branche mit Innovationskraft kombiniert oder innovatives Image/Marke, werden nicht erfüllt, die auf Grund einer schwachen Innovationskraft zur direkten Außenwirkung führen.

Somit war klar, dass die Lösung in zwei zentralen Aufgaben lag:

1. Schaffung innovativer Rahmenbedingungen

Die aktuelle Führungs- und Organisationssituation baute eher auf Tradition als auf modernen Teamstrukturen. Hierfür wurde bei mehreren Workshop-Tagen mit den betroffenen Führungskräften und Mitarbeitern eine Reorganisation entwickelt, die den erfassten Marktanforderungen gerecht werden kann. Zentraler Ansatz war dabei, die Geschwindigkeit der Innovationsprojekte und die Anzahl der Innovationsprodukte p. a. spürbar zu erhöhen. Der Erfolg stellte sich nach ca. sechs Monaten ein, was zu einer positiven Projektstimulation führte.

2.   Neudenken der Nutzenkurve des Unternehmens

Es hat sich gezeigt, dass traditionelle Nutzenversprechen von den Kunden nicht mehr honoriert werden. Daher mussten die Kriterien überdacht und angepasst werden. Dies geschah im Rahmen eines ERKS-Quadrats (Abbildung 3.5).

Hierbei geht es um die Fragestellung, welche der definierten Nutzenkriterien eliminiert werden können, da sie in der Branche als selbstverständlich betrachtet werden, und welche Kriterien ich reduzieren kann, um dadurch ausreichend Mittel für die Kreierung neuer oder die Steigerung alter Kriterien zu bekommen.

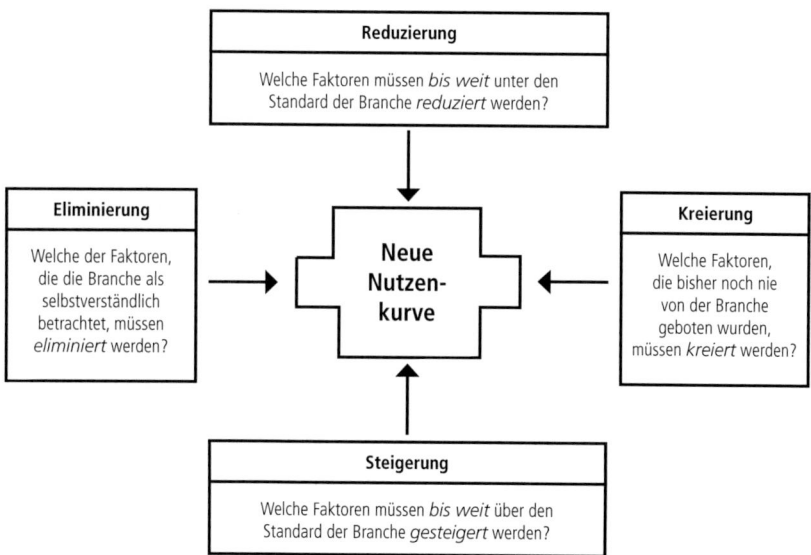

Abb. 3.5 ERKS-Quadrat – Vier-Aktionen-Format.
(Quelle: Speednovation®, K.O.M. GmbH, 2007, nach: Der Blaue Ozean als Strategie: Wie man Märkte schafft, wo es keine Konkurrenz gibt, Kim, W. Chau/Mauborgne, Renée, Hanser, 2005, S. 26)

Letzteres ist eine der wichtigsten Maßnahmen, um die Nutzen-positionierung des Unternehmens schnell und signifikant zu verbessern. Bei der Kreierung von neuen Kriterien können zukünftige Leistungsfelder aktiv besetzt werden. Dieses Vorgehen bedarf jedoch einer gewissen Zeit der Vorbereitung und damit auch in der Marktwirkung selbst.

Wie sich im Nachhinein gezeigt hat, führte die Umpositionierung des Unternehmens im Markt durch Reformierung der Nutzenkurve zur Eroberung von noch weißen Flecken in der bisherigen Branche. Damit wurde ein zusätzliches Wachstum mit höheren Margen generiert, das bis heute dem Unternehmen zusätzliche Stabilität verleiht.

Denkanstöße

- Welche Nutzenkriterien sind in Ihrer Branche besonders relevant?
- Wo gibt es Meinungsunterschiede in Ihrem Führungskreis bezüglich der Richtigkeit der definierten Nutzenkriterien?
- Haben Sie schon einmal mit Ihren Kunden über den Nutzen Ihrer Leistungen gesprochen – und dabei nicht über Preis-Leistungs-Verhältnis oder Vorteile gegenüber dem Wettbewerb?
- Welche Dienstleistungen sind in Ihrem Unternehmen ein echter Nutzenbringer für die Kunden und erhöhen damit die Innovationsbilanz?
- Zu welchem Schluss würden Sie wahrscheinlich bei Ihrem Unternehmen kommen, wenn Sie eine nutzenorientierte Innovationsbilanz durchführen würden?

Tipp 4: Ein individuelles Innovationsmanagement entwickeln

Wann Sie diesen Tipp anwenden können

▶ … wenn Innovationen zukünftig ein Strategiebestandteil sein sollen,
▶ … wenn das Innovationsmanagement zur echten Managementaufgabe der Zukunft werden und nicht von einzelnen Personen abhängig sein soll,
▶ … wenn Zielvereinbarungen für innovative Lösungen zukünftig besser greifen sollen,
▶ … wenn ein Innovationsmanager etabliert werden soll.

Situationsbeschreibung am Beispiel

Für diesen praktischen Tipp wähle ich ein Beispiel aus dem Bereich des Maschinenbaus. Das Unternehmen betreibt mit seinen 1900 Mitarbeitern seit einigen Jahren ein sehr erfolgreiches Innovationsmanagement. Man hat pro Jahr eine neue Modellreihe entwickelt und schafft über eine Vielzahl von Dienstleistungen einen spürbaren Mehrwert (Nutzen) für den Kunden. Die Integration des Vertriebes in diesen Prozess zeigte jedoch immer wieder Schwachstellen, die die Marktnähe der Innovationen reduzierte. Dadurch, dass der Leiter F & E ausreichend Markterfahrung besaß, konnte er diesen Mangel zwar bedingt ausbalancieren, aber es kam wie es kommen musste, der F & E-Leiter verstarb frühzeitig und sein Nachfolger konnte nicht ausreichend eingearbeitet werden. Dieses plötzliche Vakuum zeigte, wenn auch zeitverzögert, seine Wirkung. Viele der Innovationen waren plötzlich nicht mehr marktkonform. Die Innovationsansätze waren immer mehr Produktverbesserungen als echte Innovationen. Dem Unternehmen gingen schlichtweg die Ideen aus. Da der Vertrieb über Jahrzehnte hinweg nicht integriert worden war, konnte hier auch keine Hilfe erwartet werden. Das Unternehmen lief Gefahr, seine sehr gute Marktposition und sein Image als treibender Innovator zu verlieren. Die starke Abhängigkeit von einem F & E-Leiter führte das Unternehmen an den Rand seiner Existenz.

Nicht genug, dass diese interne Situation für alle Beteiligten eine echte Herausforderung war, fast zeitgleich liefen auch einige wesentliche Patente des Unternehmens aus. Eine zweite Achillesferse wurde sichtbar. Zu lange hat das Unternehmen auf seinen alten Patenten den Erfolg aufgebaut, ohne darüber nachzudenken, wie die vielen Innovationen in neuen Patenten abgesichert werden könnten, eine Denkweise, die nicht selten ist. Denn viele Unternehmen glauben, dass die bisherigen Patente ausreichen, um auch neue Produktinnovationen damit absichern zu können. Die Praxis zeigt jedoch, dass dies nur in den seltensten Fällen möglich ist. Aber dessen nicht genug: Nach dem tragischen Verlust des F & E-Leiters zeigte sich auch, dass der Prozess-/Fachpromotor (vgl. Witte 1973, S. 17 f.) eine und dieselbe Person war – nämlich der F & E-Leiter selbst. Diese Kombination ist tragisch. Denn für die Prozesssteuerung im Innovationsmanagement bedarf es eigenständiger Kräfte, die dafür Sorge tragen, dass der Innovationsprozess nicht durch eine Kümmerfunktion einzelner Personen reibungslos läuft, sondern durch echtes Prozessmanagement. Der Kümmerer in unserem Fall war der Leiter F & E. Er schottete seinen Bereich derartig ab, dass selbst der Nachfolger die Situation nicht überblicken konnte. Das Innovationsmanagement war von einer Person geprägt und abhängig.

Auf Basis der Vakanz dieser Position entschloss sich das Management zu einem Neustart des Innovationsmanagements, mit einer sehr individuellen, aber auch pragmatischen Lösung.

Problemdiagnose

Durch die Abhängigkeit vom bisherigen F & E-Leiter hatte sich die Gesamtorganisation auf diese eine Person ausgerichtet. Dies führte zu sehr problematischen Entwicklungen im Innovationsmanagement.

- Die Prozesskette des Innovationsmanagements – von der Idee bis zur Serienreife – begann in unserem Praxisbeispiel nicht beim Ideenmanagement, sondern bei der Prototypenerstellung. Die Ideen dazu waren alleine Sache des zwar sehr kreativen, aber ab und an überforderten F & E-Leiters.
- Eine Integration von Kunden oder des Vertriebs fehlte gänzlich, was auch zu Produkten führte, die der Markt nicht unbedingt wollte.
- Das Grundverständnis, was Innovationen sind und wie innovative Unternehmensführung erfolgreich zu praktizieren ist, blieb ein Geheimnis des F & E-Leiters. Dies führte dazu, dass sich die restlichen Führungskräfte und Mitarbeiter für die Gestaltung innovativer Lösungen nicht verantwortlich fühlten.
- Ein strategisch gutes Innovationsklima konnte nicht entstehen, was dazu führte, dass viele strategische Fragestellungen entgegen dem Innovationsgedanken entschieden wurden, was den F & E-

Leiter jedoch nicht daran hinderte, sein „Ding" zu machen. Die Unternehmung war unbewusst gespalten in mehrere Lager, was nur durch einen hohen Energieaufwand einzelner Personen kompensiert werden konnte. Die Innovationserfolge basierten nicht auf einem systematischen, institutionalisierten und individualisierten Innovationsmanagement, sondern vielmehr auf dem Aspekt einer patriarchalischen Unternehmenskultur, die durch den F & E-Leiter geprägt wurde. Ein Zustand, der oft auch in anderen Unternehmen durch Eigentümer bzw. Unternehmensgründer ausgelöst wird. Deren Führungscharisma erzeugt eine Entscheidungsdominanz, durch die eine Entwicklung eines nachhaltigen und systematischen Innovationsmanagements fast unmöglich wird.

- Ein konsequentes Controlling des Innovationsmanagements, insbesondere des Ideen-Managements, ist somit unmöglich geworden. Ein Lernen aus den Fehlern und den bisherigen Erfahrung bleibt nur einer Person überlassen, obwohl ein gutes Innovationsmanagement echte Teamarbeit ist.

Problemlösung

Nach einer detaillierten Analyse der Ausgangssituation und Festlegung der individuellen Schwerpunkte des Innovationsmanagements dieser Unternehmung wurde beschlossen, den Prozesspromotor und den Fachpromotor bewusst zu trennen. Aus diesem Grund wurde die Stelle des Innovationsmanagers eingeführt, der direkt der Geschäftsleitung zugeordnet wurde. Abbildung 4.1a und b zeigt das Anforderungsprofil des Innovationsmanagers in unserem Projektbeispiel. Es ist der individuelle Ausdruck der Arbeitsschwerpunkte dieser neuen Position und muss immer auf die strategischen und organisatorischen Bedürfnisse des Unternehmens ausgerichtet sein.

1.	Unternehmensbereich	Innovationsmanagement
2.	Stellenbezeichnung	Innovationsmanager
3.	Organisatorische Eingliederung	Stabsstelle, Bericht an Geschäftsführung
4.	Aufgaben	• Initiieren, Konzipieren und Durchführen von Innovationsprojekten • Entwicklung neuer Produkt- und Dienstleistungsideen zusammen mit Händlern, Kunden und internen Abteilungen • Interne Verantwortung für die effiziente und schnelle Durchführung von Innovationsprojekten als Projektleiter • Koordination mit den Bereichen Vertrieb, Marketing, Produktmanagement sowie Forschung & Entwicklung, Produktion hinsichtlich neuer Produkte und Prozesse • Durchführung von Markt- und Trendstudien in Zusammenarbeit mit Marketing und Vertrieb sowie hinsichtlich neuer Entwicklungen über die Branche hinaus
5.	Fachliche Qualifikationen - Berufliche Qualifikationen	Betriebswirtschaftliches oder technisches Studium/Kombination wäre wünschenswert
6.	- Berufserfahrung -	Mehrjährige Berufserfahrung, davon mindestens 3 Jahre in vergleichbarer Position
7.	Persönliche Qualifikation - Sozialkompetenz - Handlungskompetenz	• Organisatorische Kompetenz • Teamorientierung • Innovationsfähigkeit • Motivationsfähigkeit • Kommunikative Fähigkeiten • Durchsetzungsfähigkeit • Verantwortungsbereitschaft • Konfliktfähigkeit • Analytisches Denken • Strategisches Denken • Systemische Handlungsorientierung
6.	Vorgesetzte - fachlich -	Geschäftsführung
	- disziplinarisch -	Geschäftsführung
7.	Unterstellung - fachlich -	• keine
	- disziplinarisch -	• keine
8.	Arbeitsvolumen in % (Vollzeit/Teilzeit)	Vollzeit

Abb. 4.1a Anforderungsprofil Innovationsmanager.
(Quelle: Speednovation®, K.O.M. GmbH, 2007)

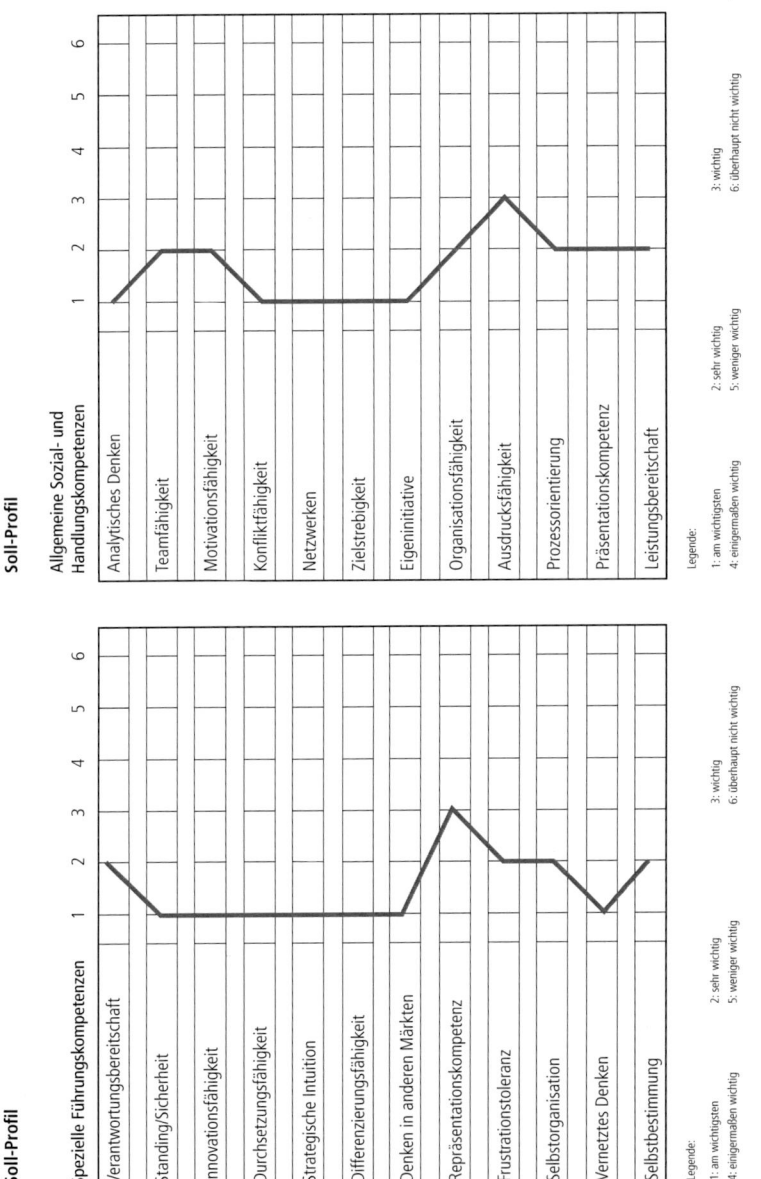

Abb. 4.1b Anforderungsprofil Innovationsmanager (Quantifiziertes Soll-Profil). (Quelle: Speednovation®, K.O.M. GmbH, 2007)

Neben dieser organisatorischen Änderung war es zwingend notwendig, die Bedeutung des Innovationsmanagements im Unternehmen neu zu definieren. Hierfür wurde ein Strategieentwicklungsprozess ins Leben gerufen, der abgeleitet von der Unternehmensstrategie eine Innovationsstrategie als Funktionsstrategie entwerfen sollte. Dieser Prozess dauerte ca. vier Monate und benötigte viel Überzeugungskraft in der Organisation. Denn nicht nur ein unterschiedliches Verständnis dessen, was Innovationen sind, erschwerte die Arbeit, sondern auch die Tatsache, dass sich niemand dafür verantwortlich fühlte. Erst nach mehreren Workshop-Runden zeigte sich, dass das Innovationsmanagement die Aufgabe aller in der Organisation ist und dabei mehr als nur einen kontinuierlichen Verbesserungsprozess beinhaltet.

Dessen nicht genug bedarf es einer nachhaltigen Stabilisierung des Innovationsmanagements. Durch eine vereinheitliche Methodenauswahl und ein einheitliches Wording, um damit die Kommunikation zu erleichtern, wurde die notwendige Stabilisierung eingeleitet.

Diese individuelle Innovations-Toolbox wird bis heute als lebendiges Lerninstrument gepflegt und allen neuen Mitarbeitern durch Lernkaskaden vermittelt. Auszüge einer derartigen Innovations-Toolbox zeigt Abbildung 4.2.

---

1. Analyse (intern/extern)
2. Ideengenerierung
3. Ideenbewertung und Auswahl
4. Umsetzungsplanung
5. Kreativitätstechniken
6. Konzeption
7. Open Innovation
8. Blaue Ozeane
9. Controlling

Abb. 4.2 Toolbox Innovationsmanagement. (Quelle: Speednovation®, K.O.M. GmbH, 2007)

Ein weiterer sehr wichtiger Problemlösungsbeitrag ist die Steigerung der Umsetzungsgeschwindigkeit in der Organisation. Auf Grund der starken Fokussierung in der Vergangenheit auf eine Person sind die internen Widerstände, was Veränderungen anbelangt, erstaunlich hoch. In Abbildung 4.3 sind einige dieser Widerstände aufgeführt. Gerade die Angst vor Machtverlust bei den einzelnen Personen und das Festhalten an alten Zöpfen schaffte Widerstände, die nur über eine intensive Kommunikation und eine sehr professionelle Einführung des Innovationsmanagers abgebaut werden konnten. Denn als Prozesspromotor ist der Zukunftsmanager ein Eindringling in vielen Bereichen. Er fragt nach, hinterfragt Ideen und fordert zur Positionierung auf – für viele Menschen eine Verletzung ihres Territoriums und ihrer persönlichen Autonomie.

Hier sind wieder einige psychologische Aspekte zu beachten, die in den nächsten Tipps intensiv beschrieben und erläutert werden.

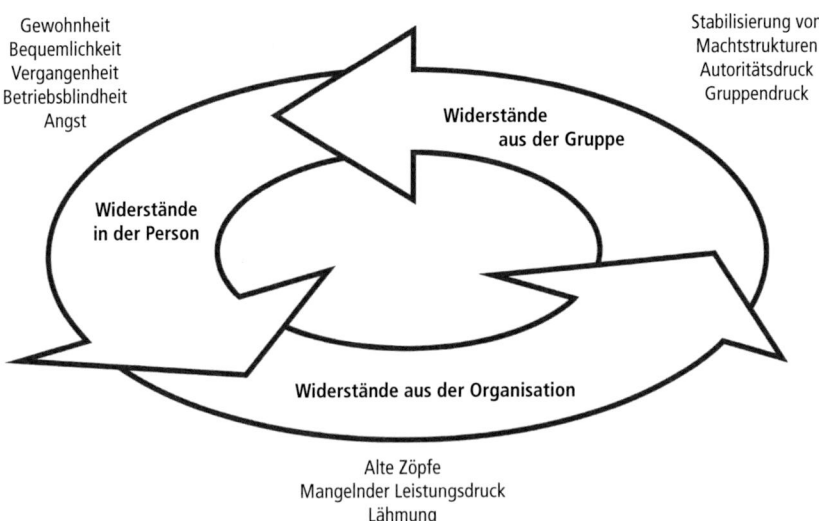

Abb. 4.3 Widerstände bei Veränderungen. (Quelle: Speednovation®, K.O.M. GmbH, 2007)

Denkanstöße

- Was wollen die Machtpromotoren (Inhaber/Investoren/Geschäftsführung) im Rahmen eines individuellen Innovationsmanagements erreichen?
- Welche Kompetenzen und Verantwortungen sollen bei einem Innovationsmanager gebündelt werden?
- Welche strukturellen Schwierigkeiten sind zurzeit die größten Zeittreiber, die eine schnelle Zielumsetzung bei den Innovationsprojekten verhindern?
- Wie lautet die zentrale strategische Stoßrichtung in der Innovationsstrategie und wo ist der größte Überzeugungsbedarf in der Organisation und warum?
- Diskutieren Sie doch einmal mit Ihren Führungskräften das in Abbildung 4.1a–b dargestellte Anforderungsprofil des Innovationsmanagers und entwickeln Sie daraus die Chancen, welche sich durch eine solche Position ergeben, aber auch, welche Hürden überwunden werden müssen!

Quelle

Witte, Eberhard: Organisation für Innovationsentscheidungen – Das Promotoren-Modell. Göttingen: Schwarz 1973

Tipp 5: Intelligentes und nachhaltiges Wachstum realisieren

Wann Sie diesen Tipp anwenden können

▶ ... wenn die Wachstumsraten Ihres Unternehmens kontinuierlich zurückgehen,

▶ ... wenn Ihr Wachstumskurs nur noch durch harte Preiskämpfe und Zugeständnisse gegenüber Ihren Kunden möglich wird,

▶ ... wenn die Mitarbeiter das Interesse am Erfolg verloren haben und der Erfolg über viele Jahre selbstverständlich war,

▶ ... wenn es immer mehr um interne Machtkämpfe in der Organisation geht, statt um echtes marktorientiertes Wachstum.

Situationsbeschreibung am Beispiel

Für diesen Tipp habe ich mir ein sehr aktuelles Beratungsbeispiel ausgesucht, das auf sehr dramatische Weise das Auf und Ab eines Unternehmens beschreibt, das sich nicht an intelligentem und nachhaltigem Wachstum orientiert. Das Unternehmen ist in der Caravan-Branche aktiv und beschäftigt zurzeit 2500 Mitarbeiter. Das Unternehmen ist schon sehr lange in dieser Branche aktiv und kann auch auf eine erfolgreiche Geschichte zurückblicken. Dennoch zeigt sich in diesem Unternehmen über viele Jahre hinweg ein und dasselbe Bild. Es wird getrieben von den Turbulenzen der Märkte und kann kaum selbst eigene Akzente setzen. Das Wachstum oder NICHT-Wachstum hing ständig am seidenen Faden der aktuellen Marktentwicklung. Viele Versuche, dies zu ändern, scheiterten kläglich, selbst dann, als das Unternehmen von Investoren aufgekauft wurde und damit über ausreichend Kapital verfügte, um den „Spieß" umdrehen zu können. Was war mit diesem Unternehmen bloß los?

Problembeschreibung

Anfänglich zeigten alle notwendigen Analysen keine signifikanten betriebswirtschaftlichen Ansätze, die diese Rolle des reaktiven Marktteilnehmers erklärte. Also musste die Ursache für diese Situation in anderen, eher indirekten Ursachen liegen. Bei näherer Betrachtung der Arbeitsweise aller Führungskräfte klärte sich dann diese Situation sehr schnell auf. Als Beisitzer und Coach in vielen Meetings stellte sich heraus, dass das Thema Wachstum nie ein wirkliches Thema war. Es wurde viel über Probleme, Hindernisse und Fehlverhalten diskutiert, aber nie über die Frage, was für dieses Unternehmen eigentlich Wachstum ist. Also starteten wir eine wirtschaftspsychologische Befragung zum Thema Wachstum – Werte – Verantwortung. Sehr schnell wurde deutlich, dass die Werte des Unternehmens in keinster Weise mit der Notwendigkeit eines kontinuierlichen Wachstums übereinstimmten, vielmehr das Gegenteil der Fall war.

Wachstum war auf breiter Ebene verpönt – ja verpönt. Für viele Mitarbeiter und Führungskräfte ergab sich Wachstum quasi automatisch über Messen oder definierte Aktionen, aber es gab kein

Bewusstsein der Eigenverantwortlichkeit, hier nachhaltig und intelligent das Wachstum zu planen und zu realisieren. Wachstum war die Aufgabe der Investoren und des Vertriebes, aber nicht einer Solidargemeinschaft, die alle von einem kontinuierlichen Wachstum lebten. Wachstum war für viele sogar unnötig, da es aus deren Sichtweise nur Probleme, neue Aufgaben und auch Gefahren hervorbrachte. Somit kämpften einige Führungskräfte pro Wachstum, andere zeigten aber spürbares Desinteresse und setzen damit andere Prioritäten. Dem Unternehmen fehlte eine eindeutige und von allen akzeptierte strategische Identität für ein nachhaltiges Wachstum.

Wachstumsstrategien sind mehr als nur Budgetdefinitionen und das Fortschreiben von Plänen. Wachstumsstrategien leben vom bewussten und intellektuellen Austausch aller im Unternehmen hinsichtlich der Notwendigkeiten und der Chancen von neuen Wachstumspotenzialen. Dabei spielt Nachhaltigkeit eine zentrale Rolle, und Nachhaltigkeit ist hierbei nicht nur aus ökologischer Sicht zu verstehen. Die Kunst liegt bei intelligenten Wachstum darin, das Mehr im Wenigen zu erkennen. Warum fällt uns das eigentlich so schwer? Eine Antwort finden wir in der Psychologie. Es ist ein uralter Trieb, der uns hierbei in die Irre führt: die Gier. Gier hat uns über tausende von Jahren davor bewahrt, auszusterben. In Zeiten der extremen Ressourcenknappheit war die Gier der Überlebensmotor, um sich ausreichend mit Nahrung, Schutz und Kleidung zu versorgen. Dieser Trieb ist immer noch in uns und zeichnet uns ständig das Bild eines „süßeren" Lebens als das aktuelle. Diese Gier sorgt jedoch auch dafür, dass wir scheinbare Nebensächlichkeiten zum großen Problem erklären, nur weil wir das Gefühl haben, in der Realisierung dieses Triebes durch das vermeintliche Problem gebremst zu werden. Die Gier nach Wachstum ist die Gier nach Sicherheit. Das Grundbedürfnis nach Sicherheit sorgt dafür, dass viele nachhaltige Wachstumsideen in den Unternehmen nicht umgesetzt werden, so auch in unserem Beispiel.

Die Idee einer neuen Baureihe mit besonderen Designansätzen wurde brutal niedergeschmettert mit dem Vorwand, dass der Markt dies sowieso nicht akzeptiert – obwohl Studien auf etwas anderes hindeuteten. Der wahre Grund war jedoch, dass dieser Ansatz anfänglich mehr Zeit in Anspruch nimmt und die Umsetzung ein neues Verhalten in der Marktpositionierung des Unternehmens verlangt. Dieser Wandel war den meisten Führungskräften zu gefährlich und zu unbequem. Aber zum Erfolg gehören nun einmal auch Strapazen, Hindernisse und Hürden. Gerade das Durchhalten und das konsequente Umsetzen definierter Ziele für ein langsames, aber dafür nachhaltiges und intelligentes Wachstum schärfen unsere Sinne, machen uns beweglicher, selbstbewusster und kreativer – dies gilt nicht nur für uns Menschen, sondern auch für Organisationen. Wer die Problemlösung meidet, meidet direkt den Erfolg. Unser Gehirn ist nämlich gerade darauf getrimmt. Aufgrund einer schnellen und effektiven Wahrnehmung können wir blitzschnell Situationen analysieren, entscheiden und handeln. Diese Gabe setzen wir jedoch nur dann ein, wenn es Sinn macht. Und Sinn macht es nur dann, wenn damit Bedürfnisse und Werte befriedigt werden. Und genau hier hat unser Beispielunternehmen seinen Problemkern erkannt. Die kurzfristige Gewinnmaximierung durch Mitnahmeeffekte und rein reaktives Wachstumsverhalten musste durch eine nachhaltige und intelligente Wachstumsstrategie ersetzt werden – der Ansatz einer innovativen Wachstumsphilosophie war im Kern geboren.

Problemlösung

Was hat das Unternehmen nun unternommen, um den Wandel einer reaktiven Wachstumsstrategie in eine innovative und nachhaltige Wachstumsstrategie zu realisieren?

Nun zuerst einmal galt es, das Wachstum aus Sicht des Unternehmens neu zu definieren, also die Parameter des Kundennutzens neu festzulegen, um dann darauf aufbauend die zentralen Wachstumstreiber neu zu beschreiben. Hierbei hat das Unternehmen nachfolgende Schritte durchlaufen (vgl. Neun 2012, S. 69 ff.):

Schritt 1: Wachstumskultur neu definieren

Viele Studien haben gezeigt, dass nur wenn die Wachstumskultur mit den Bestrebungen der Strategie übereinstimmt, Unternehmen sehr erfolgreich wachsen und dies auch mit Nachhaltigkeit belegen. Hierbei geht es insbesondere um ein neues Selbstverständnis im Unternehmen und die Einsicht, dass Wachstum immer eine Frage des gespendeten Nutzens ist. Nur wenn Kunden, Abnehmer oder Geschäftspartner erkennen können, dass die erbrachte Leistung in Form von Produkten, Dienstleitungen oder Prozessen einen echten Nutzen beinhaltet, erst dann wird Wachstum zur nachhaltigen Strategie. Viele Unternehmen, so auch unser Beispiel, wissen gar nicht, welchen Kundennutzen sie eigentlich spenden. Denn schon längst hat sich die Leistungserbringung des Unternehmens von den schönen Hochglanzbroschüren der Werbeabteilung verabschiedet, und dies sehr oft auch zum Glück des Unternehmens. In unserem Beispiel zeigte sich genau diese Situation. In der Werbung war das Produkt im Fokus. Die Kunden sahen aber als Händler ganz andere Leistungen im Nutzenfokus – Beratung, Trainings, Social-Media-Aktivitäten und natürlich auch die persönliche Betreuung. Das Produkt war längst austauschbar geworden. Designberatung hingegen war ein neuer innovativer Ansatz, der mehr Wachstum versprach. Also wurde eine Designakademie für Händler und Anwender ins Leben gerufen. Der Erfolg gab allen Recht. Dieses neue Bewusstsein des Wachstums über Tiefgang in der Beratung und nicht nur über Mengenkonditionen zeigte seine positive Wirkung.

Schritt 2: Innovationen mit Tradition verbinden

Als Unternehmen mit Tradition und einer sehr konservativen Branche war es sehr wichtig, dass dieser neue Ansatz mit der Tradition gekoppelt wurde. Hierzu bedurfte es der Unterstützung einer namhaften Hochschule, die als Imageträger das neue Denken verkörperte. Vortragsreihen und ein neuer Marktauftritt ergänzten diese Neupositionierung. Im Rahmen von Zukunftswerkstätten erzeugten wir darüber hinaus noch eine hohe Integration der betroffenen Händler und Kunden in diesen Wandel. Nach ersten Anlaufschwierigkeiten wurde dieses Konzept zum Erfolgstreiber und innovativen Ansatz für das Unternehmen. Die traditionellen Werte wie Qualität, Lieferfähigkeit und Sorgfalt wurden integriert und auf den Designansatz umformuliert. Die Mitarbeiter waren begeistert und so motiviert, dass mit diesem Ansatz selbst schwierigste Marktsituationen aktiv gelöst wurden. Aus dem reaktiven Innovator wurde ein aktiver Trendsetter.

Schritt 3: Querdenken als Wachstumsmotor verstehen

Querdenken ist in vielen Unternehmen immer noch ein Lippenbekenntnis. Die Unternehmen besitzen sehr oft ein hohes Maß an Kreativität und intellektuellem Potenzial. Der Drang nach Konformität und die Gier nach Sicherheit erschweren jedoch das Brechen von traditionellen Marktregeln. Aber gerade das zeichnet den echten Querdenker aus. Nur wer als Rulebreaker die Chancen erkennt, entwickelt auch den Mut und die Motivation, das Neue zu wagen. Die Angst zu verlieren ist als eine Urangst in uns sehr oft das größte Hindernis für ein intelligentes Wachstum durch neue innovative Ansätze. Die Überwindung dieser Urangst war auch in unserem Projekt eine zentrale Aufgabe. Der spielerische Umgang mit der Angst und die positive Aussicht auf Erfolg erzeugten die notwendige psychologische Stimmung, um einen Change erfolgreich zu realisieren. Viele Querdenker werden in den Unternehmen nicht gehört. Sehr oft nicht deswegen, weil deren Ideen nicht offen kommuniziert werden, sondern weil viele in der Organisation mit diesen neuen Ansätzen einen eigenen Machtverlust oder Erfolgsverlust verbinden. Damit setzen sich alte Bewertungsmaßstäbe im Unternehmen durch und verhindern einen echten Wandel.

Schritt 4: Belohnungsmaßstäbe neu definieren

Die Bewertung, was gut oder schlecht ist, richten wir immer an Dritten aus, gleichgültig ob es sich um die Gesellschaft an sich handelt, unsere Arbeitskollegen sowie Chefs, den Lebenspartner und die eigene Familie. Immer überprüfen wir im Spiegelbild der Anderen, was das Richtige ist. Dieses soziale Gehirn gibt uns Sicherheit, aber es behindert uns auch. Das soziale Gehirn sorgt dafür, dass wir Werte in einer Gemeinschaft verfolgen und Heuchler und Lügner bestrafen. Diese Werte werden damit zu einem Schlüssel für den Erfolg. Bestrafe ich nämlich z. B. die Kreativität des Querdenkers, indem ich ihn ständig abweise und seine Ansätze ignoriere, dann wird diese Quelle des Erfolges irgendwann einmal versiegen. Unterstütze, also belohne ich hingegen den Anpasser und Konformisten, dann wird sich der Wandel im Unternehmen langsam verabschieden und der Dienst nach Vorschrift dominieren. Belohnungssysteme sagen unserem sozialen Gehirn, was richtig und was falsch ist. Damit schaffen diese Systeme eine Orientierungshilfe im Alltag.

Umso wichtiger ist es nun, diese Werte so auszurichten, dass intelligentes Wachstum und Nachhaltigkeit eine für jeden spürbare Legitimation bekommen. Bei unserem Beispielunternehmen waren es die Werte – „Weniger ist mehr – Schaffe das Neue – Begeistere dein Gegenüber jeden Tag einmal". Immer dann, wenn ein Mitarbeiter oder eine Führungskraft diese neue Werte missachtete, und zwar auf ALLEN Hierarchieebenen, dann wurde dies direkt diskutiert und teilweise auch sanktioniert. Damit war allen Betroffenen klar, dass eine glücklich machende Belohnung mit diesen neuen Werten zusammenhing. Es soll an dieser Stelle aber auch nicht verschwiegen werden, dass einige wenige Mitarbeiter das Unternehmen verlassen haben, da diese sich nicht mit dem definierten Wandel identifizieren konnten. Dem Erfolg des Unternehmens tat dies jedoch keinen Abbruch.

Denkanstöße

- Wie definieren Sie zurzeit Wachstum mit Ihren Führungskräften und was sind dort oft die Hindernisse?
- Wie würden Sie in drei Sätzen die strategische Identität Ihres Unternehmens beschreiben und warum gerade so?
- Welche Werte werden heute belohnt und welche „bestraft"?
- Welche Werte und Verhaltensmuster wollen Sie morgen belohnen und „bestrafen"?
- Wie betreiben Sie zurzeit Ihr Stimmungsmanagement, um mehr Offenheit und Kreativität zu erzeugen?

Quelle

Neun, Winfried: Nach dem Crash ist vor dem Crash. Praktische Tipps, um aus Krisen zu lernen und neue zu vermeiden, Wiesbaden: Springer Gabler 2012

Tipp 6: Innovative Ansätze in Blauen Ozeanen suchen

Wann Sie diesen Tipp anwenden können

- ... wenn die Wettbewerbssituation im Heimatmarkt zu stark wird,
- ... wenn echte Wachstumsperspektiven im Heimatmarkt fehlen,
- ... wenn Abhängigkeiten zur existenziellen Bedrohung werden könnten,
- ... wenn die eigene Kernkompetenz immer weniger im etablierten Markt gefragt ist und die Erträge sinken,
- ... wenn Kunden zu ernst zu nehmenden Wettbewerbern werden.

Situationsbeschreibung am Beispiel

Als konkretes Beispiel habe ich ein Unternehmen aus dem Automotivbereich als Zulieferer gewählt. Mit seinen 1200 Mitarbeitern ist das Unternehmen zu fast 95 Prozent nur auf den Bereich Automotiv ausgerichtet. Als langjähriger Zulieferer für die Automobilkonzerne hat sich das Unternehmen einen Namen gemacht, spürt aber immer mehr, wie die Abhängigkeit zu dieser Branche zur Gefahr werden kann. Dabei zeigte sich in den letzten Jahren, dass die Anzahl der Wettbewerber, insbesondere aus den asiatischen Räumen, drastisch anstieg und somit der Kostendruck immer stärker wurde. Innovative Produkte oder inkrementelle Produktverbesserungen waren bei der Einfachheit des Produktes nur schwer möglich.

Das Unternehmen rutschte bei langsam sinkenden Absatzzahlen immer mehr in die Verlustzone und sorgte sich immer mehr über seine Zukunft. Es ließ sich sehr lange Zeit zur aktiven Umsetzung eines innovativen Unternehmenskonzeptes. Worauf basierte diese zögerliche Haltung? Im Rahmen einer sogenannten Innovationscard, bei der die ökonomischen und psychologischen Barrieren einer modernen innovativen Unternehmensführung durchleuchtet werden, zeichnete sich ein erschreckendes Bild ab.

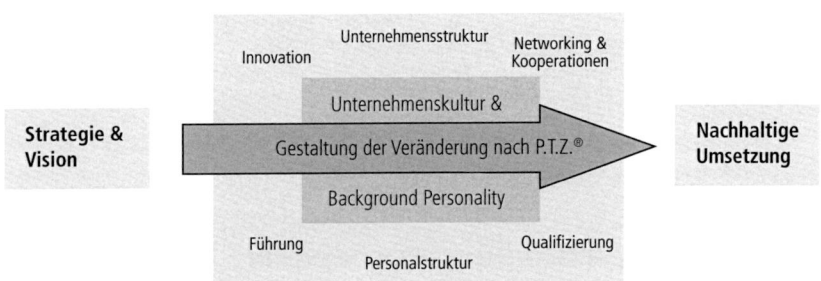

Abb. 6.1 Innovative Unternehmensführung – K.O.M.-INNO. (Quelle: K.O.M. GmbH)

Gemäß Abbildung 6.1 „Innovative Unternehmensführung" wurden alle notwendigen Faktoren, die zur Umsetzung einer Strategie benötigt werden, untersucht und nach Ursachen für Denk-, Handlungs- und Substanzblockaden durchforscht. Schnell wurde erkannt, dass das Unternehmen drei wesentliche Defizite hatte, die die Reaktionszeit auf die dramatische Marktentwicklung verlangsamten:

1. Unkenntnis über die eigene Kernkompetenz

Das Unternehmen hat im Laufe seiner Existenz immer mehr das Bewusstsein für seine eigene Kernkompetenz verloren. Als OEM-Anbieter war das Unternehmen immer ein Prozessteilnehmer bei den großen Herstellern und bekam über diese die notwendige Kompetenz vorgegeben. Der Auftragseingang war immer gesichert und die Verhandlungen waren auf Menge-Preis-Relationen in den Jahresgesprächen begrenzt. Die Identifizierung mit der eigenen Kernkompetenz war nicht nötig, denn das Geschäft lief ja richtig gut. Dieses Defizit rächte sich jetzt. Große Lücken im Selbstverständnis der eigenen Kernkompetenz waren sichtbar und schwächten die strategische Ausrichtung des Unternehmens. Unsicherheit löste ein Entscheidungsvakuum aus, das eine Neuorientierung lähmte.

2. Angst vor Veränderung in der Background Personality

Ergänzend zu dieser Desorientierung im Bereich der Kernkompetenzen kam die starke Objektorientierung der Gesamtorganisation. Ein „Ja, aber …" dominierte das Verhalten. Konstruktive und sinnvolle Vorschläge zur Neuausrichtung wurden über potenzielle Probleme oder konstruierte Schwierigkeiten verhindert. Die Angst der Unternehmenspersönlichkeit vor einer Veränderung behinderte einen schnellen und zielgerichteten Strategiewechsel in der

Marktbearbeitung und der Gewinnung von neuen Märkten. Selbst die Geschäftsführung war in den Gedankengerüsten der Negativeinstellung gegenüber dem Neuen gefangen. Die interne Studie zeigte diesen Mechanismus deutlich und erzeugte einen Wake-up-Call der besonderen Art. Plötzlich stand die Background Personality selbst in der Kritik und die Kritiker wurde zu Kritisierten, was der erste notwendige Schritt zur Veränderung war.

3. Fehlende Netzwerke für den Strategieneustart

Um die strategische Neuausrichtung in Richtung Blaue Ozeane wirklich erfolgreich zu gestalten, bedarf es eines sehr guten Netzwerkes in diesen neuen Märkten. Das Unternehmen selbst verfügte aber nicht über ausreichend Kontakte in diesen neuen Branchen. Nur über eine systematische Ansprache und die Durchführung von Zukunftswerkstätten sollte es dennoch gelingen, diese Märkte zu gewinnen und aufzubauen. Die Bereitschaft, sich hierfür in der internen Organisation neu auszurichten, musste jedoch erst noch gebildet werden. Dieser Reifeprozess sollte nur auf Basis erster Erfolge tatsächlich gelingen. Denn nur die ersten erkennbaren Erfolge überzeugten den Beirat, bestehend aus Partner und Inhabern, dass es tatsächlich möglich ist, in den neuen Märkten erfolgreich Fuß zu fassen.

Problemdiagnose

Die Problemsituation in diesem Beispielunternehmen war sehr schnell erfasst und basierte auf zwei schwerwiegenden Fehlern, die viele erfolgreiche Unternehmen früher oder später in die Krise treiben:

1. Geringe Auseinandersetzung mit der eigenen Kernkompetenz im Spiegel der Nutzenanforderung in den Märkten

Was können wir besonders gut? Welche Zusatzleistungen werden immer wichtiger? Für welche Leistungen zahlen unsere Kunden gerne mehr? Wo sehen die Kunden das Besondere in uns? Alle diese Fragen werden heute in den Unternehmen zwar gestellt, aber sehr oft nicht ehrlich genug beantwortet. Sehr schnell wird definiert, was der Kunde will oder nicht will, sehr schnell werden Aussagen über die eigene Leistungsfähigkeit getroffen, die einer Hochglanzbroschüre entsprechen, aber meist sehr wenig mit der Marktrealität zu tun haben. Ein Selbstbetrug höchster Professionalität, der selbst größte Aktiengesellschaften in das Verderben geschickt hat (z. B. Solarindustrie oder Telekommunikation). Die kritische Auseinandersetzung des Unternehmens mit sich selbst und mit den Anforderungen und Erwartungen des Umfeldes wird nur sehr ungerne praktiziert. Zu hoch ist die Angst vor Gesichtsverlust oder öffentlicher Schelte bei den Mächtigen, die diesen sehr sinnvollen und auch notwendigen Prozess einleiten sollten, und zwar nicht erst dann, wenn der Druck eine Alternative nicht mehr zulässt. Gerade das zu späte Einleiten von Veränderungen führt zu einem beträchtlichen Schaden, wie jüngste Beispiele bei Siemens oder Thyssen Krupp gezeigt haben.

2. Systematik der Blauen Ozeanstrategien ist immer noch nicht überall ein gebührlicher Anteil des Strategieprozesses

Die Suche nach Blauen Ozeanen (vgl. Kim/Mauborgne 2005) wird immer noch zu oft mit Diversifikation verwechselt und daher als Irrweg abgetan oder in den Strategieprozessen der Unternehmen nicht berücksichtigt. Die Blaue Ozeanstrategie ist aber nicht Diversifikation, sondern Fokussierung auf die ureigene Kernkompetenz des Unternehmens und ihre Anwendung in wettbewerbsärmeren Branchen, wo mit den bestehenden Mittel durch Umschichtung mehr verdient werden kann, wie in Abbildung 6.2 ersichtlich. 61 Prozent Gewinn mit 14 Prozent neuen Angeboten in den Blauen Ozeanen zeigen die Ertragsstärke dieser Märkte. Wichtig ist dabei, dass diese neuen Märkte nur durch eine systematische Vorgehensweise und weniger durch Zufall entdeckt und erobert werden. Nur ein strategischer Ansatz hilft hierbei.

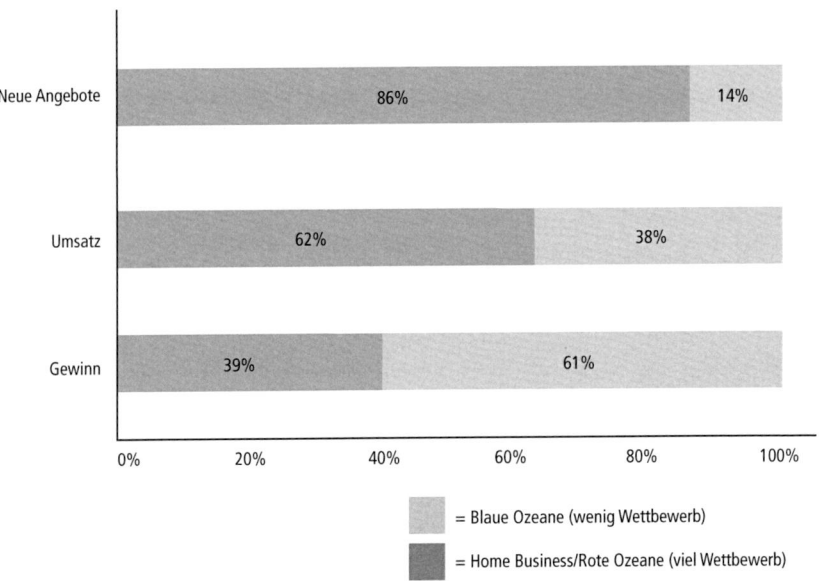

Abb. 6.2 Umsatz-Ertrags-Relation Blaue Ozeane – Home Business (Rote Ozeane). (Quelle: Der Blaue Ozean als Strategie: Wie man Märkte schafft, wo es keine Konkurrenz gibt, Kim, W. Chau/Mauborgne, Renée, Hanser, 2005, S. 7)

3. Gelassenheit als Basis für erfolgreiche Strategiearbeit

Gerade wenn sich eine Krisensituation in Unternehmen abzeichnet, reagieren diese sehr oft eindimensional mit Kostensenkungsmaßnahmen, was eine Stimmungsmanagementstudie über das Krisenverhalten des deutschen Maschinenbau gezeigt hat (Abbildung 6.3). Aber gerade diese Maßnahmen sorgen dafür, dass die notwendige Gelassenheit zur Umsetzung neuer Wege und neuer strategischer Ansätze extrem reduziert wird und die Angst vor Versagen exponentiell steigt. Psychologische Untersuchungen haben aber gezeigt, dass gerade in Krisenzeiten die richtige Gelassenheit schnell zu Erfolgen führt und das Unternehmen aus dem Strudel der Krise befreit. Die Selbstheilungskräfte der Unternehmen wirken nur dann, wenn ausreichend Gelassenheit und Souveränität durch die Führungskräfte verbreitet werden.

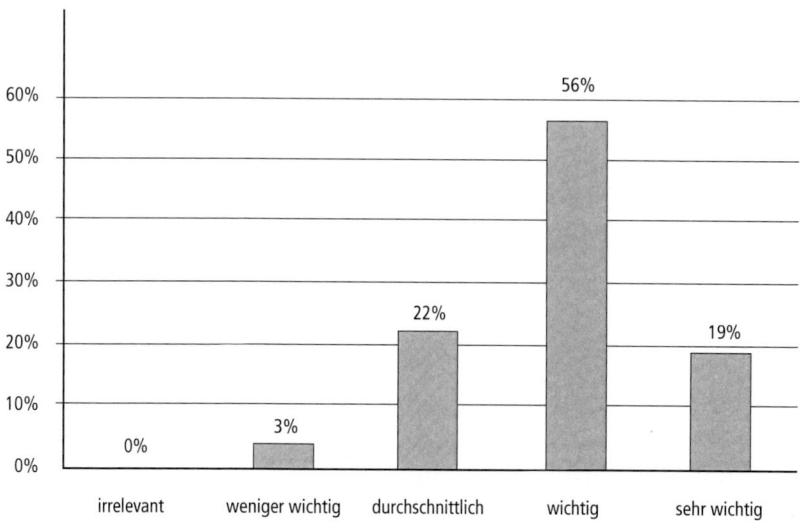

Abb. 6.3 Priorität von Kostensenkungen im Unternehmen. (Quelle: Studie Stimmungsmanagement im Maschinenbau, K.O.M. GmbH, 2011)

Problemlösung

Damit war auch klar erkennbar, was zur ersten Problemlösung notwendig war: ausreichend Gelassenheit und positive Motivation zur Veränderung. Dies hängt insbesondere damit zusammen, dass wir Menschen zum aktiven Handeln einen ausreichenden Schuss an positiver Motivation benötigen, um unsere Befürchtungen zu überwinden. Motivation ist eine Affektlage, und diese können wir Menschen als Individuen oder als Gruppen durch Selbstregulation erzeugen. Unter anderem durch bewussten Wechsel der Affektlage, d. h., ich stelle mir in meiner Abteilung einfach einmal vor, wie es wäre, nicht mehr für einen Automobilhersteller tätig zu sein, sondern für ein Medizintechnikunternehmen. Wie würde diese Branche die Leistungen meines Unternehmens aufnehmen? Welche Anerkennung würde es dem Unternehmen und mir persönlich bringen? Wie erfolgreich wären wir als Unternehmen in dieser neuen Branche? Mit dieser psychologischen Gymnastikübung erzeugen wir einen positiven Affekt – also Motivation –, um selbst schwierigste Aufgaben gelassen anzugehen. Man versucht, den negativen Affekt des Versagens durch die sehr plastische Beschreibung des Erfolges oder bestimmter Handlungen, die den Erfolg einleiten, in einen positiven Affekt umzuwandeln. Diese bewusste Selbststeuerung hilft bei der Neuorientierung und schafft Gelassenheit. Die Bilder des Neuen und Schönen assoziieren einen positiven Effekt und verankern diesen in unserem Erfahrungsgedächtnis. Damit steigen die Selbstmotivation und Gelassenheit für die Veränderung und der erste Schritt zur Eroberung Blauer Ozeane ist eingeleitet.

Dies reicht natürlich noch nicht aus, um erfolgreiche und innovative Ansätze für Blaue Ozeane zu gewinnen. Dazu bedarf es noch weiterer Inhalte:

- Durch den Aufbau eines systematischen Kompetenzmanagements und eine Integration in den internen Strategieprozess wird eine ständige Beschäftigung des Managements mit den neuen Märkten sichergestellt.
- Die Anpassung der Organisation durch Einführung einer eigenständigen Organisationseinheit, die sich ausschließlich mit neuen Märkten beschäftigt, sorgt für den notwendigen Handlungsdruck in Richtung Business Development.
- Durch Aufbau eines systematischen Suchrasters können kontinuierlich neue Märkte entdeckt und auch angegangen werden. Gerade das Management dieser Suchraster ist ausschlaggebend für den Erfolg.

Alle diese Ansätze wurden mit unserem Beispielunternehmen durchgeführt und dabei neue Märkte lokalisiert und aktiv bearbeitet. Heute macht dieses Unternehmen 30 Prozent seines Umsatzes mit neuen Märkten und 60 Prozent seines Ertrags. Die Veränderung hat sich gelohnt und das Management dabei gelernt, dass Veränderungen zwar Risiken beinhalten, aber auch notwendig sind. Denn schon Charles Darwin erkannte:

„... es ist nicht die stärkste Spezies, die überlebt, und auch nicht die intelligenteste, sondern diejenige, die sich am ehesten dem Wandel anpassen kann."

Denkanstöße

- Welche Kernkompetenz zeichnet Ihr Unternehmen aus und was hindert Sie daran, diese noch weiter zu intensivieren?
- Wie gelassen sind Ihre Führungskräfte, wenn es um Veränderung geht?
- Wie systematisch verfolgen Sie Ansätze für Blaue Ozeane?
- Welche sind Ihre Key Facts für neue Märkte und wer verfolgt diese in Ihrer Organisation?
- Betreiben Sie aktives Stimmungsmanagement in Ihrem Unternehmen?

Quelle

Kim, W. Chan/Mauborgne, Renée: Der Blaue Ozean als Strategie. Wie man neue Märkte schafft, wo es keine Konkurrenz gibt, München und Wien: Carl Hanser 2005

Tipp 7: Keine Angst vor Open-Innovation-Ansätzen

Wann Sie diesen Tipp anwenden können

▶ ... wenn das Ideenmanagement in Ihrem Unternehmen nicht gut funktioniert,

▶ ... wenn zu oft Innovationen sehr schnell scheitern, da die Entwicklung am Kundenbedarf vorbeiging,

▶ ... wenn angestoßene Kooperationen nicht funktionieren und sehr schnell scheitern,

▶ ... wenn die Verantwortlichen aus F & E jede Einmischung und Kooperation ohne Begründung ablehnen.

Situationsbeschreibung am Beispiel

Für diesen Tipp eignet sich als gutes Beispiel ein Unternehmen aus dem Bereich der Medizintechnik, mit 850 Mitarbeitern ein eher kleines Unternehmen der Branche und daher auch sehr stark unter Innovationsdruck bei nur überschaubaren Ressourcen im Bereich von F & E. Die Ausgangssituation des Unternehmens kann man als sehr angespannt bezeichnen. Trotz guter Zuwachsraten im Umsatz hatte das Unternehmen spürbare Ertragsprobleme. Diese wiederum führten dazu, dass die Unternehmung bei Innovationsprojekten nicht die ausreichenden Mittel und das finanzielle Durchhaltevermögen aufbringen konnte, um den dominierenden Großunternehmen nur annähernd die Stirn bieten zu können. Über kurz oder lang sollte dies zu einer existenziellen Bedrohung für das Unternehmen werden.

Die Frage war: Wie kann sich das Unternehmen mit diesen sehr begrenzten Ressourcen und doch eher geringen Marktbedeutung behaupten, ja sogar noch erfolgreich weltweit expandieren? Die Antwort auf diese Frage ermöglichte eine detaillierte Betrachtung der Innovationsprozesse und der Innovationsstrategie im Unternehmen. Dabei wurde festgestellt, dass die Innovationsstrategie an sich eine sehr klare Orientierung und auch Vision darstellte, aber für die Umsetzung mindestens das Fünffache an Ressourcen notwendig wäre als das, was zurzeit zur Verfügung steht. Damit wurde die gut gemeinte Vision zur Illusion und das Unternehmen rutschte in die Orientierungslosigkeit. Damit noch nicht genug: Im asiatischen Raum zeichnete sich ein großer neuer Wettbewerber ab, der sich in naher Zukunft auch in Europa etablieren wird.

Die Situation für das Unternehmen wurde immer schwieriger und komplizierter, zumal auch gleichzeitig ein Generationswechsel anstand, der ebenfalls Managementressourcen beansprucht hat.

Problemdiagnose

Das Unternehmen hat über Jahre hinweg zu wenig Energie, Kapital und Ressourcen zum Aufbau von innovativen Problemlösungen im Bereich von Produkt- und Prozessinnovationen gesteckt. Damit wurde die Marktposition immer schwächer, was nur durch eine aggressive Preispolitik kompensiert werden konnte. Diese negative Preisspirale konnte das Unternehmen auf Dauer jedoch nicht durchhalten. Es mussten neue Produkte, neue Dienstleistungen und schlanke Prozesse her – aber wer sollte dies in so kurzer Zeit umsetzen, bei den beschränkten Ressourcen? Die Lösung dieser Situation wurde schon Jahre zuvor im Bereich F & E andiskutiert und der Geschäftsleitung vorgeschlagen: Kooperationen für innovative Ansätze, also Open-Innovation-Projekte. Leider war dieser Vorschlag für die Geschäftsleitung undenkbar. Sich zu öffnen und mit anderen Unternehmen oder Unternehmen außerhalb der Branche zu kooperieren würde ja bedeuten, wichtige Interna offen zu legen und zu diskutieren – ein absolutes „No-Go" für die Geschäftsleitung.

Was macht es eigentlich so schwer, sich zu öffnen? Hierfür gibt es mehrere Erklärungsversuche:

1. Wissen verschafft Vorsprung – mehr Wissen verschafft mehr Erfolge

Wer sich öffnet und Informationen in einen Entwicklungsprozess einbringt, ist oft der falschen Annahme, dass er Wissen abgibt. Leider wird zu oft übersehen, dass dabei aber auch neues Wissen über Märkte, Methoden und Prozesse gelernt wird. Der psychologische Schutzfaktor, mehr zu wissen als der andere, und damit stärker zu sein als sein Gegenüber, ist so alt wie die Menschheit selbst. Schon unsere Vorfahren zeigten die Neigung, wesentliche Erkenntnisse über Feuerstellen, Höhlen und Jagdreviere nur einem kleinen Kreis von Personen bekannt zu geben. Dies schützte davor, die guten Überlebenschancen an die eigenen Artgenossen zu verlieren. Der gesunde Egoismus als Selbsterhaltungstrieb sorgte als Unterstützung für die Auswahl der überlebensfähigsten Spezies. Wissen verschaffte Vorsprung – das gilt heute immer noch. Aber warum sollten dann Open-Innovation-Prozesse trotzdem realisiert werden? Auf Grund der immer weiter ansteigenden Komplexität unserer Wirtschaft und deren Verflechtungen sowie der immer schneller werdenden medizinischen Entwicklung bedarf es einer bewussten, dosierten und gewollten Öffnung zur Kooperation. Kein Unternehmen schafft im Bereich der Medizin die Entwicklung echter Innovation allein und ohne Impulse von Partnerunternehmen innerhalb oder außerhalb der Branche. Kooperation und damit das Open-Innovation-Management sind zu einem Erfolgstreiber der Medizintechnikbranche geworden. Studien belegen, dass der Wissensverlust in Relation zum Wissenszuwachs bei allen Open-Innovation-Projekten positiv ist, sofern bestimmte Regeln eingehalten werden.

2. Die Kunst des Loslassen ist eine schwierige Disziplin

Für viele Unternehmen ist Wissen mit einem Besitz gleichzusetzen, einem Besitz, der wie ein Territorium verteidigt werden muss. Territorien sind meist geographische Besitztümer, die nicht selten an Wert gewinnen, wenn sie über Jahre im Besitz bleiben. Beim Wissen hingegen ist das anders. Wissen veraltet und verfault sehr oft als ungenutzte Patente in den Schubladen der Entwickler. Wissen steigt aber im Wert, wenn es eine tägliche Anwendung bekommt und damit im Austausch mit anderen ständig erneuert oder ergänzt wird. Statt am alten Wissen festzuhalten, sollten Kombinationsfähigkeit und Querdenken zu echten Königsdisziplinen in den Unternehmen ernannt werden. Die Schnelligkeit der Vernetzung von Wissen im Zeitalter des Internets wird zum wesentlichen Erfolgsfaktor international tätiger Unternehmen. Daher heißt Loslassen beim eigenen Wissen bewusst zu ent-lernen, um mit neuen Aspekten und Ansätzen das alte Wissen zu aktualisieren.

3. Einblick in aktuelle Unternehmenszahlen ist nicht notwendig

Viele Unternehmen, so auch unser Beispielunternehmen, glauben, dass Open-Innovation-Prozesse nur dann erfolgreich sind, wenn die Unternehmen alle ihre Zahlen, Daten und Fakten offenlegen. Dies ist jedoch, aus vielen Erfahrungen mit solchen Prozessen, niemals notwendig gewesen. Open-Innovation-Prozesse leben davon, dass sich Unternehmen mit konkreten Fragestellungen aus Forschung und Entwicklung beschäftigen oder dass erkennbare Trends in den Märkten ausgetauscht und gemeinsam neue Lösungen gesucht werden. Die Unternehmen konzentrieren sich auf den Entwicklungsprozess und kombinieren ihre Kompetenzen, um schneller neue Ideen und Ansätze zu entwickeln.

Problemlösung

Unser Beispielunternehmen hat dies letztendlich sehr schmerzhaft erfahren müssen. Da die Preisspirale weiter nach unten führte, musste das Unternehmen sich frisches Kapital beschaffen. Ein Investor stieg ein und übernahm auch einen Teil des Managements. Plötzlich waren die Open-Innovation-Ansätze der Vergangenheit ein willkommener Impuls, um das Unternehmen wieder erfolgreich zu machen. Dabei wurden jedoch einige zentrale Regeln beachtet. Zum einen musste die aktuelle Innovationsstrategie überarbeitet werden, denn durch den zentralistischen und abgeschotteten

Ansatz aus der Vergangenheit war eine Öffnung gegenüber Dritten unter diesen Strategieprämissen nicht möglich. Des Weiteren mussten die Prozesse für ein Open-Innovation-Management neu definiert werden. Hierzu war es wichtig geworden, folgende Fragen im Vorfeld zu klären:

- Wie viel Offenheit wollen wir in ein Open-Innovation-Projekt stecken?
- Mit welchen potenziellen Partnern könnten wir uns diese Kooperation vorstellen und mit welchen nicht?
- Wie sehen die vertraglichen Rahmenbedingungen bei gemeinsamer erfolgreicher Entwicklung einer Innovation aus?
- Worauf legen wir besonderen Wert in derartigen Open-Innovation-Projekten und was lehnen wir strikt ab?
- Wer vermittelt im Fall des Konflikts zwischen den beteiligten Unternehmen?

Auf Basis dieser Vorarbeit wurde in unserem Beispielunternehmen ein Open-Innovation-Konzept definiert, das dann systematisch umgesetzt wurde. Heute nimmt das Unternehmen im internationalen Wettbewerb eine führende Rolle ein und gilt in der Branche als der Treiber für Open-Innovation-Konzepte. Abbildung 7.1 zeigt dabei nochmals die strategischen Ziele von Open-Innovation-Projekten.

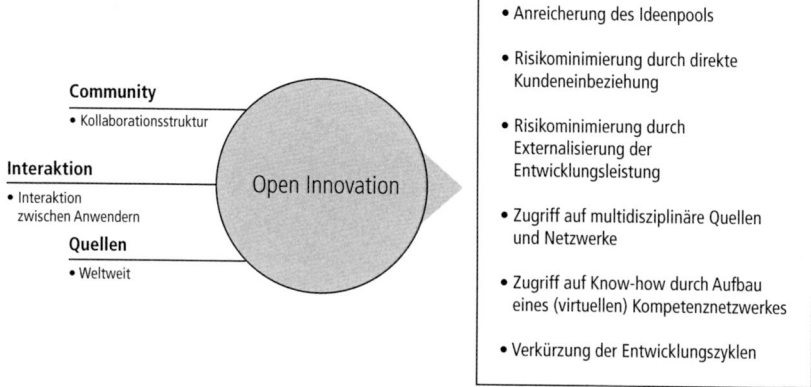

Abb. 7.1 Strategische Ziele von Open Innovation. (Quelle: Open Innovation umsetzen, Serhan Ili (Hrsg.), Symposion, 2010, S. 63)

Denkanstöße

- Wie ist die Einstellung Ihres Managements zu Open-Innovation-Projekten innerhalb und außerhalb der Branche?
- Was erwarten Sie von einer guten Kooperation und ist Ihre Organisation darauf überhaupt ausgerichtet?
- Passt Ihre Innovationsstrategie zu den Anforderungen eines Open-Innovation-Projektes und haben Sie die entsprechenden Methoden in Ihrem Unternehmen etabliert?
- Wer könnte ein aktiver Promotor für Open-Innovation-Management in Ihrem Unternehmen werden?
- Welche Rolle spielen F & E und der Innovationsmanager zurzeit bei Kooperationen und wie sollte das Rollenverständnis in Zukunft sein?

Tipp 8: Nutzenorientierte Innovations-strategien richtig entwickeln

Wann Sie diesen Tipp anwenden können

▶ … wenn neue Produkte oder Dienstleistungen im Markt floppen,
▶ … wenn die vorhandenen Innovationsbudgets im Unternehmen eher klein sind,
▶ … wenn die Regeln des Marktes neu definiert werden sollen,
▶ … wenn die Marke des eigenen Unternehmens mehr Nutzenorientierung verkörpern soll.

Situationsbeschreibung am Beispiel

Das Beispielunternehmen für diesen Tipp ist im Bereich des Abbaus von Baustoffen tätig. Als Kalkwerk mit ca. 2500 Mitarbeitern ist es für den Tageabbau von Kalk und dessen Bearbeitung nach Qualitätsstufen verantwortlich – ein Unternehmen, das insbesondere die Baustoffindustrie sowie den Hoch- und Tiefbau beliefert. Das Unternehmen ist in eine größere Unternehmensgruppe integriert. Die allgemeine Situation des Marktes ist seit Jahren durch sinkende Preise und damit sinkende Erträge gekennzeichnet. Eine

67

Entwicklung, die unserem Beispielunternehmen sehr zu schaffen macht. Kalk ist ein leicht substituierbares Produkt und, außer durch unterschiedliche Qualitätsstufen, durch keine besonderen Eigenschaften voneinander differenzierbar. So verwundert es nicht, dass das Unternehmen versuchte, sich neu zu orientieren, um dem Preisverfall entgegenzuwirken. Leider war dieser Prozess von keinem großen Erfolg gekrönt. Im Gegenteil, das Unternehmen musste immer größere Anstrengungen unternehmen, um im harten, weltweiten Wettbewerb noch ausreichend Erträge zu erwirtschaften. Kosten- und Margendruck waren die große Herausforderung. Beim Versuch, dieser Herausforderung gerecht zu werden, sind dem Unternehmen jedoch einige gravierende Fehler unterlaufen – hier einige Beispiele:

- Das Unternehmen versuchte, über spezielle Logistikleistung in Kooperation mit der Deutschen Bahn und einem privaten Schienenbetreiber den Abnehmern einen speziellen Service anzubieten. Leider erwies sich dies als Sackgasse, da die Kunden selbst gar kein Interesse an einer Unterstützung im Bereich Logistik hatten. Sie hatten alle selbst gute Verträge mit den Schienenbetreibern und waren auch selbst in diesem Bereich mit verschiedenen Profitansätzen unterwegs. Der Nutzen einer derartigen Dienstleistung, durch unser Beispielunternehmen erbracht, erschloss sich den Kunden nicht.
- Der Nutzen für die Kunden ist ja aus psychologischer Sicht der zentrale Handlungstreiber an sich. Ein überzeugender Nutzen, der sich an den Bedürfnissen einer Branche oder Gruppe orientiert, schafft die notwendige Handlungsmotivation, um eine Geschäftsbeziehung einzugehen. Leider unterstellen die meisten Unternehmen ihren Kunden, was sie wollen und welchen Nutzen sie gerne angeboten haben möchten. Eine Studie der K.O.M. GmbH hat gezeigt, dass von zehn Unternehmen ca. acht nicht

genau wissen, welchen Nutzen ihre Zielgruppe sich wünscht und wie sie diesen psychologisch richtig in Szene setzen können. So war es auch bei unserem Beispielunternehmen.

■ Selbst wenn die Unternehmen den gewünschten Nutzen ihrer Zielgruppen erkennen, sind ihre Produkte oder Dienstleistungen oftmals gar nicht drauf ausgerichtet. Einfachheit in der Bedienbarkeit von elektronischen Geräten ist seit Jahren ein Nutzentrend von Millionen Kunden. Die Produkte der Hersteller sind jedoch alles andere, als einfach zu bedienen – ein Blick in verschiedene Gebrauchsanweisungen (z. B. TV-Geräte oder PC) beweist dies.

■ Nicht genug, dass die Produkte dem Kundennutzen nicht gerecht werden. Selbst ganze Geschäftsmodelle werden den Anforderungen der sich wandelnden Märkte nicht mehr gerecht. So hat z. B. das einfache Geschäftsmodell des Sanitärgroßhandels ausgedient. Die Professionalisierung der Baumärkte und die Weiterentwicklung der Beratungskompetenz dieser Märkte setzten das Modell des dreistufigen Vertriebsweges gewaltig unter Druck. Ergänzt durch die Online-Shops ist es nur noch eine Frage der Zeit, bis der Sanitärgroßhandel sein Geschäftsmodell neu erfinden muss.

Diese und viele andere Fehler verzögern die Anpassungsgeschwindigkeiten der Unternehmen auf Veränderungen im Nutzenspektrum der Zielgruppen, so dass es einige nicht mehr erleben, wie sie mit neuen Ansätzen doch noch hätten erfolgreich sein können. Warum machen diese Unternehmen und im Speziellen unsere Beispielunternehmung diese oder ähnliche Fehler?

Problemdiagnose

Ein sehr zentrales Problem ist dabei, dass viele Unternehmen es verlernt haben, in Nutzenkategorien ihrer Zielgruppen zu denken. Die Kunden werden zu statistischen Leichen und zu undurchschaubaren Mengengerüsten der Marktforscher und Marketingspezialisten. Man könnte fast sagen: Durch die Menge an Informationen geht der Kern der Botschaft verloren, nämlich: Welchen Nutzen wünscht der Kunde heute und morgen?

Darüber hinaus fällt es vielen Unternehmen schwer, den Kundennutzen selbst zu ermitteln. Trotz täglicher Geschäftsbeziehungen ist es nicht möglich, die wahren Bedürfnisse zu erkennen. Die so oft getroffene Aussage: „Wir kennen unsere Kunden seit vielen Jahren und damit sehr genau" ist der Anfang vom Ende. Unsere Wahrnehmung wird durch dieses Bewusstsein so stark eingeschränkt, dass wir Entwicklungen in der tiefsten Bedürfnisebene unserer Kunden nicht erkennen. Die wahren Motive zu erkennen hilft, das Richtige zu tun (Abbildung 8.1). Hierzu bedarf es jedoch eines sehr gezielten psychologischen Zugangs zur Zielgruppe. Die Absichtserklärungen des Kunden zeigen die Bedürfnisse aber nur, wenn diese zu den echten Motiven passen. Oftmals hat eine Zielgruppe z. B. das Bedürfnis, ihren eigenen Produktionsprozess zu vereinfachen und die Anlagen auch für angelernte Kräfte bedienbar zu machen – Simplifikation heißt hier das Zauberwort. Das Motiv ist jedoch die Absicherung der Personalstruktur unter Berücksichtigung des Fachkräftemangels. Akademiekonzepte der Anbieter könnten hierbei einen neuen Kundennutzen erzeugen. In unserem Beispielunternehmen wandelte sich bei einer Zielgruppe das Bedürfnis der reinen Mengenlieferung an Kalk in eine Lieferung von Kalk bestimmter Güte und Verarbeitungsqualität. Leider waren jedoch die Mengen dieser Zielgruppe für unser Unternehmen zu gering, um den Kalk profitabel abzubauen.

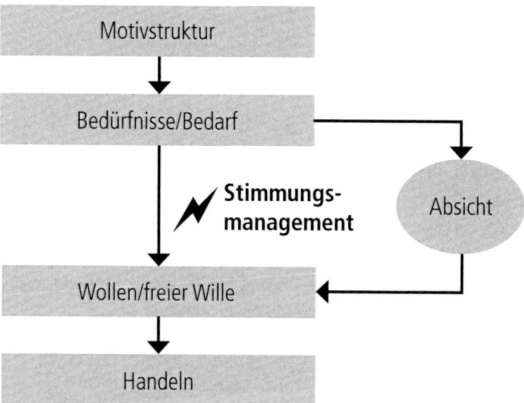

Abb 8.1 Wahre Motive und Motivstrukturen erkennen.
(Quelle: K.O.M. GmbH)

Also begaben sich die Entwickler, Vertriebsmitarbeiter und Produktmanager auf die Suche nach weiteren Anwendungen dieses hochwertigen Kalks, um ausreichende Absatzmengen bei Top-Erträgen zu erreichen.

Problemlösung

Die zentrale Herausforderung dabei war, die richtige Zielgruppe mit den richtigen Bedürfnissen und Motiven zu finden, um dann den gespendeten Nutzen darauf auszurichten. Hierzu ist es wichtig zu verstehen, dass Motive für unser Handeln nicht so einfach zu erkennen sind. Motive sind nämlich intelligente Bedürfnisse, die sich aus einem Netzwerk von Erfahrungen zusammensetzen. Man weiß nicht genau, was man will, aber spürt sehr genau, was richtig und was falsch ist.

Unter dieser Prämisse wurden verschiedenste Branchen im Rahmen eines potenzialorientierten Portfolios analysiert und begutachtet (Abbildung 8.2). Dieses Portfolio entstand im Rahmen mehrerer Workshops mit dem Management, nach vorheriger Analyse der eigenen Kernkompetenz des Unternehmens. Es wurden dabei zuerst die Kriterien für die Achse der und dann für die Achse der Potenzialbeurteilung nach innen und außen festgelegt. Bei der letzten Achse war es sehr wichtig, auf der Basis der Kernkompetenzanalyse zu definieren, welche Möglichkeiten es überhaupt intern gibt, um nutzenorientierte Innovationen in einem Markt anzubieten.

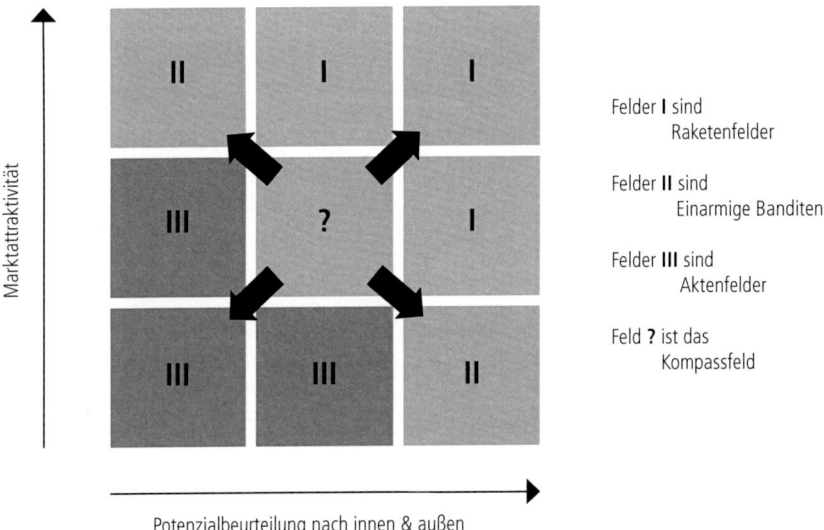

Abb. 8.2 Potenzialorientiertes Portfolio. (Quelle: Speednovation®, K.O.M. GmbH, 2007)

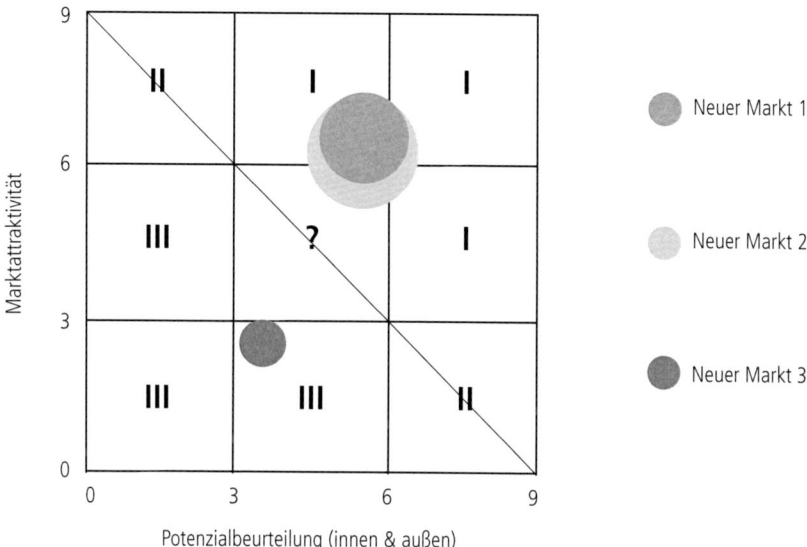

Abb. 8.3 Potenzialorientiertes Portfolio – Beispiel. (Quelle: Speednovation®, K.O.M. GmbH, 2007)

Es reicht ja nicht aus, nur die Marktpotenziale zu erkennen, sondern es gilt, diese auch gezielt zu erobern und zwar mit vertretbarem Aufwand. Nach der Kriteriendefinition wurden verschiedene Branchen bestimmt, wo die vage Möglichkeit eines erfolgreichen Einstiegs erkennbar war. Diese wurden dann in das Portfolio positioniert und diskutiert. Als Ergebnis wurden nur noch die Branchen aus den Raketenfeldern strategisch und konzeptionell weiterbearbeitet (Abbildung 8.3).

Im nächsten Schritt wurden die Nutzenanforderungen der ausgewählten drei Branchen über gezielte Befragung ermittelt. Dabei ging es jedoch nicht nur um eine einfache Befragung, sondern um das Ziel, die intelligenten Bedürfnisse der Zielgruppe aus den Erfahrungen der Vergangenheit zu erkennen und der Zielgruppe als Bedürfnis bewusst zu machen. Wer hat schon vor 15 Jahren gedacht, dass wir Handys benötigen, die sich über einfaches Berühren bedienen lassen? Der Wunsch nach Einfachheit, Bequemlichkeit, Sicherheit, ökologischer Sicherheit und Erfolg sind nur einige derartige intelligente Bedürfnisse, die dann den Wunsch nach Befriedigung erzeugen. Im Fall unseres Beispielunternehmens war ein derartiges intelligentes Bedürfnis in der Kosmetikbranche zu erkennen. Die bisherigen Trägerstoffe für die Kosmetikprodukte waren aus Schwermetall und damit gesundheitsschädlich. Eine besondere Kalkqualität hingegen ist gesundheitsverträglich und besitzt dieselben Trägereigenschaften wie die bisherige Substanz. Eine neue nutzenorientierte Innovation mit hohen Erträgen ist entstanden – für unser Beispielunternehmen der befreiende Schlag aus der Preisspirale im etablierten Markt.

Durch gezielte Auswahl und psychologisch intelligente Untersuchung der Märkte wurde es erst möglich, diesen Markt zu erkennen und das latente Bedürfnis zu wecken. Heute ist die weiterentwickelte Substanz aus Kalk ein fester Bestandteil der Kosmetikbranche.

Denkanstöße

- Welche Ideen/Ansätze haben Sie für die Befriedigung latenter Bedürfnisse in einer verwandten Branche für Ihr Unternehmen?
- Kennen Sie Ihre Kernkompetenz sehr genau?
- Kennen Sie den Nutzen, den Sie heute Ihren aktuellen Kunden spenden, und wissen Sie, wie dieser beurteilt wird?
- Worauf basiert Ihr aktuelles Geschäftsmodell und zeichnet sich hierbei eine potenzielle Gefahr für Sie ab?
- Inwieweit haben Sie eine nutzenorientierte Strategie entwickelt und umgesetzt?

Tipp 9: Die Innovationsfähigkeit des Unternehmens prüfen

Wann Sie diesen Tipp anwenden können

▶ ... wenn im Unternehmen bei Produktentwicklungen die Konflik-te zwischen verschiedenen Bereichen stark dominieren,
▶ ... wenn der Entwicklungsprozess zu lange dauert und die Ent-wicklungsbudgets regelmäßig überzogen werden,
▶ ... wenn Kompetenz und Verantwortung ständig zwischen Abtei-lungen oder Führungskräften hin und her geschoben werden,
▶ ... wenn es an kreativen Lösungen und Querdenken fehlt.

Situationsbeschreibung am Beispiel

Ein Unternehmen der Zweiradbranche mit ca. 890 Mitarbeitern soll hier als konkretes Beispiel herangezogen werden. Die Zweirad-branche an sich ist eine sehr schwierige Branche mit einer Vielzahl von Anbietern und nur wenigen guten Abnehmern. Der interna-tionale Wettbewerbsdruck steigt auch in diese Branche sehr stark an und erschwert es vielen Marktteilnehmern, ein erfolgreiches Geschäftsmodell zu finden. Gerade die Komponentenhersteller, wie unser Beispiel, leiden unter dem hohen Preis- und Innovationsdruck in der Branche. Und hier liegt auch das Kernproblem unseres Beispiels: die Fähigkeit, innovativ zu sein. Das oben genannte Unternehmen hat seit vielen Jahren nur bedingt echte Innovationen platzieren können. Es wurden viele Versuche gestartet, diesen Zustand zu verbessern, aber leider immer ohne Erfolg. So ist es nicht verwunderlich, dass dieses Unternehmen im Laufe der Zeit immer mehr und mehr in die roten Zahlen rutschte. Die großen Abnehmer sprangen ab oder erzeugten einen derartigen Preisdruck, dass das Unternehmen nur noch einen marginalen Deckungsbeitrag erwirtschaften konnte. Ideen waren vorhanden, aber die Umsetzung war nicht möglich. Zu oft waren die Zuständigkeiten und Verantwortlichkeiten durch Ungeduld im Management geändert worden. Prozessoptimierungen sorgten für Unruhe und verlangsamten den Prozess der Umsetzung noch mehr, statt ihn gezielt zu beschleunigen. Die Dynamik der Marktprozesse überforderte die Organisation unseres Beispielunternehmens. Es konnte sich nicht anpassen und auch nicht schnell genug auf Veränderungen in den Bedürfnissen der Kunden reagieren.

In Abbildung 9.1 würde dieses Unternehmen in die Kategorie der Dinosaurier fallen. Natürlich wollte dies in der Unternehmung niemand akzeptieren, geschweige daran etwas ändern. Man wollte die Realität einfach nicht wahrhaben. Die Verdrängung des Unvermeidlichen hatte gesiegt und das Unternehmen an den Rand seiner Existenz gebracht. Selbst neue Impulse durch Managementwechsel wurden ignoriert und das neue Management musste sehr schnell kapitulieren. Das Unternehmen war für Innovationen nicht tauglich – aber warum nicht? Was waren die Gründe dafür? Wie schaffte das Unternehmen es, am Ende trotzdem erfolgreich zu werden?

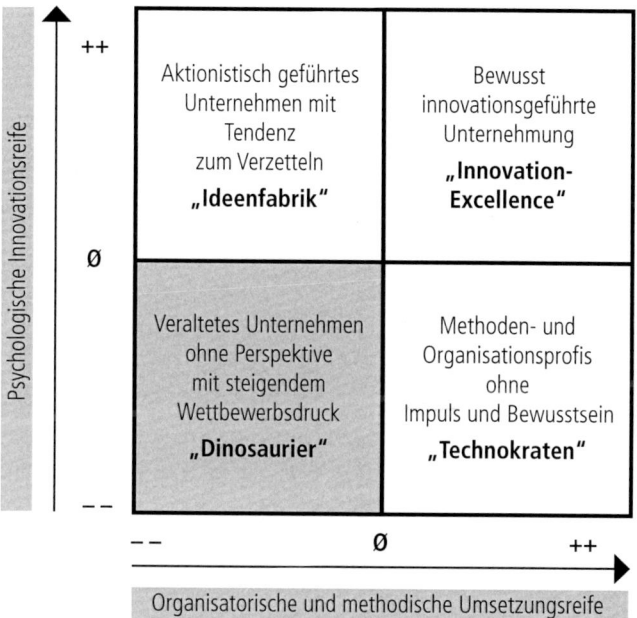

Abb. 9.1 Beispielunternehmen gehört zur Kategorie der Dinosaurier. (Quelle: Speednovation®, K.O.M. GmbH, 2007)

Problemdiagnose

Das Unternehmen war seit vielen Generationen in Familienbesitz und geprägt durch ein hohes Qualitätsbewusstsein bei einer sehr geringen Risikobereitschaft. Im Rahmen eines Risiko-Chancen-Portfolios (Abbildung 9.2) wurde der Risikokorridor des Unternehmens als so klein ermittelt, dass jede Handlungsalternative mit nur leichtem Risikoansatz durch das Raster fiel. Man wollte einfach nicht mit Traditionen brechen, und eine Veränderung war sowieso nicht erwünscht. Bequemlichkeit siegte über die Notwendigkeit der Anpassung.

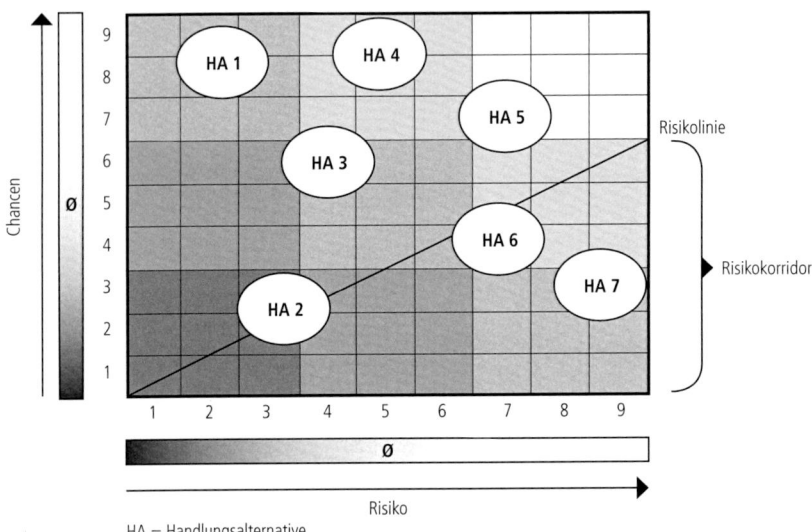

Abb. 9.2   Chancen-Risiko-Portfolio. (Quelle: K.O.M.-Navigator®, K.O.M. GmbH, 2005)

Die zentrale Ursache lag in der Tatsache, dass das Unternehmen die Notwendigkeit von Innovationen nie in seiner Strategie verankert hatte. Damit wurden auch nicht die notwendigen Tools und Methoden eingeführt, um sich erfolgreich als Innovator zu platzieren. Durch die dramatische Fehleinschätzung der Verantwortlichen stand das Unternehmen zu lange still. Innovationsmanagement als echte Führungsaufgabe war weder im Bewusstsein noch in den Prozessen verankert. Ein Innovations-EKG zeigte den dramatischen Innovationszustand des Unternehmens. Abbildung 9.3 zeigt ein weiteres Beispiel aus dem Maschinenbau.

Auch hier war die Ausgangssituation vergleichbar mit dem unseres Beispielunternehmens. Die großen Lücken im Bereich von Kompetenz/Wissen und Innovationskultur zeigten, dass beide Unternehmen sich viel zu wenig mit innovativer Unternehmensführung beschäftigten. Die Wettbewerber waren alle zusammen wesentlich weiter als die untersuchten Unternehmen.

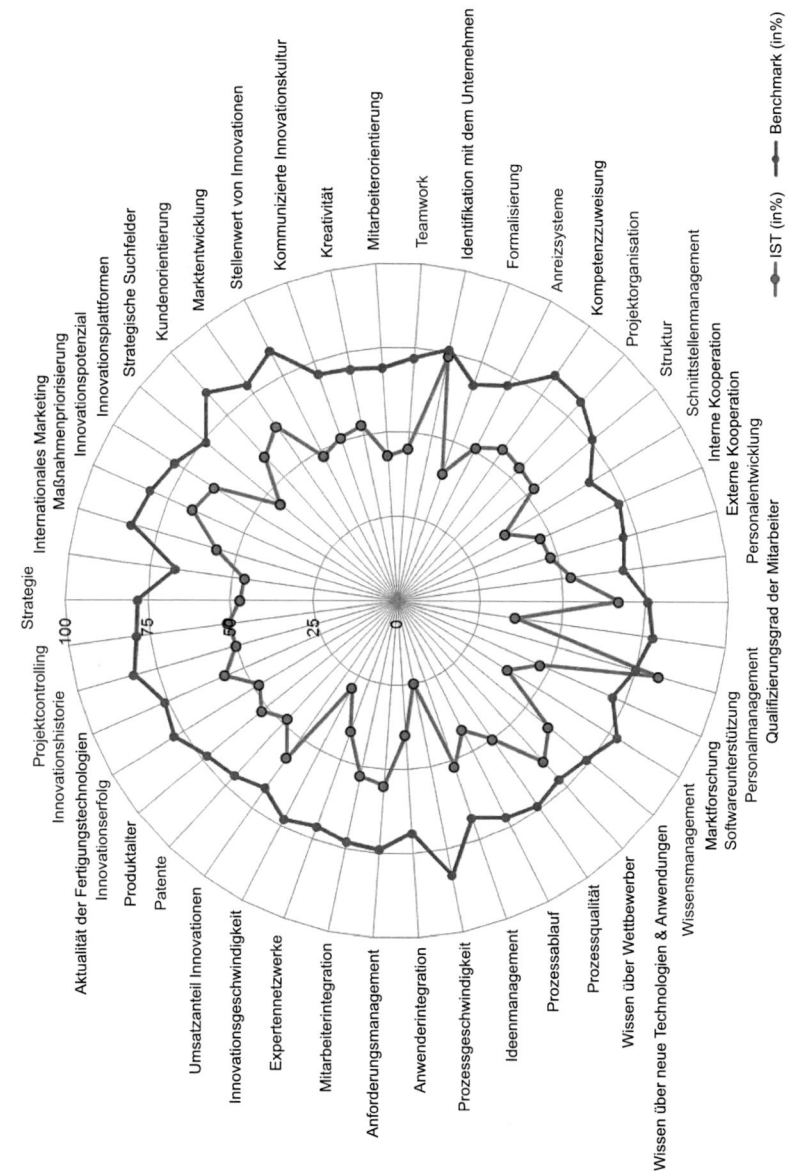

Abb. 9.3 Innovative Unternehmensführung. (Quelle: Speednovation®, K.O.M. GmbH, 2007)

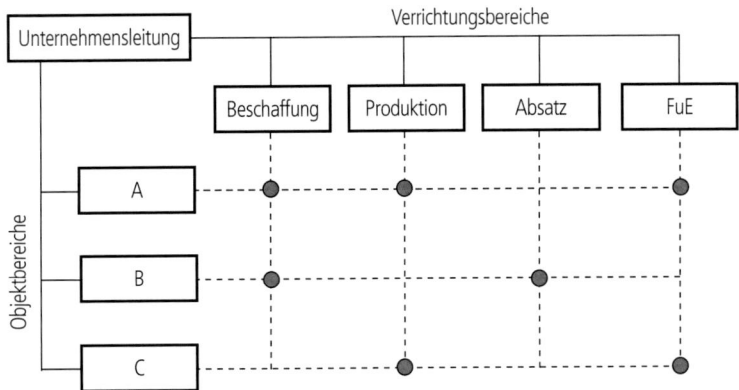

Abb. 9.4 Beispiel einer Matrixorganisation – Verrichtungs-Objekt-Matrix. (Quelle: Organisation. Theorie und Gestaltung, Franz Xaver Bea/Elisabeth Göbel, Lucius & Lucius 2006, S. 396)

Selbst wenn die Unternehmen sehr früh ihre Organisation innovationsfähiger machen wollen, so tun sie dies oft mit der falschen Organisationsform. Zu oft wird die Matrixorganisation (Abbildung 9.4) als vermeintlicher Erfolgstreiber bemüht, ohne die notwendigen Voraussetzungen hierfür zu schaffen. So zeichnet sich ja die Matrixorganisation dadurch aus, dass sie den Mitarbeitern und Führungskräften sehr viel Eigenverantwortung und Eigeninitiative abverlangt. Ist jedoch die Kultur des Unternehmens eher auf direktives Verhalten ausgerichtet, was meistens der Fall ist, dann wird die Matrixorganisation zur echten Belastung für alle. Um die Innovationsfähigkeit eines Unternehmens jedoch signifikant zu steigern, ist eine sehr individuelle Organisationsform als Mischform aus allen bisher bekannten Modellen zu entwickeln. Diesen Prozess scheuen jedoch viele Unternehmen, da das Handeln nach der Lehre scheinbar mehr Sicherheit bietet als die Anpassung an das wirklich Notwendige. Im Falle unseres Beispielunternehmens war dies der Fall. Erst als erkannt wurde, dass der Erfolg des Unternehmens durch die Matrixorganisation gefährdet war, wurde endlich der richtige Schritt eingeleitet und eine individuelle Struktur entwickelt.

Neben der falschen Organisationsstruktur zeigte sich bei unserem Komponentenhersteller, dass die Führungskräfte hinsichtlich einer innovativen Neuausrichtung des Unternehmens nicht committet waren. Im Gegenteil: Viele Führungskräfte waren der Ansicht, den Veränderungsprozess boykottieren zu müssen, um die eigene Positionen abzusichern und zu gewährleisten, dass es zu keiner Machtverschiebung im Unternehmen kommt. Erst durch eine Erhöhung des Leidensdrucks in der Organisation kam es zu einem Umdenkprozess.

Problemlösung

Um die Innovationsfähigkeit unseres Beispielunternehmens zu überprüfen und dann zu verbessern, wurden nachfolgende Schritte unternommen:

1. Innovations-EKG erstellen, analysieren und diskutieren

Im ersten Schritt war es wichtig, den Führungskräften und Mitarbeitern die aktuelle Situation einmal plastisch darzustellen, insbesondere auch im Benchmark-Vergleich mit anderen Marktteilnehmern (Beispiel Maschinenbau: Abbildung 9.3). Hier zeigten sich die klaren Defizite in Kultur, Organisation, Kompetenz und Netzwerken. Diese Defizite wurden intern heftig diskutiert, bis die verantwortlichen Mitarbeiter einsahen, dass nur durch eine Veränderung der Zustand des Unternehmens verbessert werden kann.

2. Detaillierte Prozesstauglichkeitsprüfung durchführen, diskutieren und optimieren

Im zweiten Schritt wurden alle zentralen Prozesse des Unternehmens auf die Tauglichkeit für ein schnelles Innovationsmanagement überprüft. Dabei waren die Schnittstellen zwischen F & E, Vertrieb und Produktmarketing besonders interessant. Sehr schnell wurde sichtbar, dass die Prozesse zu langsam waren, zu viele Wartezeiten vorlagen und die Eigeninitiative keine Chance hatte, hier zu wirken. Ziel war dabei, nicht nur die Prozesse zu verkürzen, sondern auch die Komplexität zu reduzieren und die Anpassungsfähigkeit für neue Kundenbedürfnisse zu erhöhen. Um jedoch diesen Teilschritt optimal umsetzen zu können, musste parallel eine weitere Hürde abgebaut werden – die fehlende Innovationsstrategie.

3. Innovationsstrategie entwickeln, diskutieren und implementieren

Zur optimalen Ausrichtung der Organisation war es notwendig, dass das Unternehmen eine detaillierte Innovationsstrategie entwickelt und dann umsetzt. Dabei wurden nachfolgende Punkte ausgearbeitet und überprüft:

- Festlegung der Kernkompetenzen
  - Detaillierte Beschreibung der aktuellen Kernkompetenz für die bestehenden und die neuen Märkte
  - Abgleich der Kernkompetenzen mit den geforderten Nutzen der aktuellen und neuen Märkte

- Definition der Innovationstreiber
  - Welche Faktoren sind besondere Treiber für Innovationen in den Märkten und wie können diese in der eigenen Organisation abgebildet werden?
  - Welchen Schlüsselelementen muss dabei das Unternehmen gerecht werden?

- Beschreibung der Innovationsvision
  - Welche Triebkraft, Überzeugung und Handlungsorientierung treiben uns, um innovativer zu werden?
  - Welche zentrale Aussage soll dabei jedem Mitarbeiter im Bewusstsein bleiben?

- Formulierung der Innovationsmission
  - für die Märkte
  - für die Mitarbeiter
  - für Investoren und Inhaber

  mit dem Ziel, die Kernbotschaft für das Handeln zu formulieren, um schnell in die Umsetzung der Strategie zu kommen. Missionen sind allgemeine Handlungsanweisungen mit dem Was, Wie und Warum.

- Innovationsselbstverständnis definieren für Kooperationspartner
  - Beschreibung der Ziele und Wünsche für Kooperationen mit Partnerunternehmen, Hochschulen und Instituten
  - Festlegung der Anforderungen an derartige Kooperationspartner, um eine zielsichere Auswahl treffen zu können

- Strategische Stoßrichtung festlegen (kurz-/mittel-/langfristig)
  - Definition der Vorhaben
  - Zentrale neue Prozesse für die Umsetzung
  - Schwerpunkte des Handelns kurz-/mittel-/langfristig
  - Performance-Treiber für die Umsetzung

- Innovationsbausteine für die ersten Schritte definieren (Auszug)
  - Spezielle Technologien auswählen oder Produktanwendungen
  - Kommunikationsschwerpunkte festlegen
  - Zukunftswerkstätten realisieren

Alle diese oben genannten Punkte sollen das Unternehmen von einer reinen strategischen Führung in eine innovative Unternehmensführung überführen. Im Beispiel unseres Komponentenherstellers wurden dadurch die dramatische Gefahr einer Insolvenz abgewendet und wesentliche Wachstumspotenziale entdeckt und erobert.

Denkanstöße

- Haben Sie in Ihrem Unternehmen eine von der Unternehmensstrategie abgeleitete Innovationsstrategie (nicht F & E- oder Produktstrategie)?
- Kennen Sie Ihre Kernkompetenzen sehr genau?
- Passt Ihre aktuelle Organisationstruktur zu den Innovationsansprüchen der bestehenden und der neuen Märkte?
- Welche Faktoren reduzieren die Innovationskraft in Ihrem Unternehmen?
- Wie kreativ sind Ihre Führungskräfte wirklich und wie gut können sie diese Kreativität über Eigeninitiative in Ihrem Unternehmen einbringen?

Tipp 10: Wie man zum prägenden Innovator wird

Wann Sie diesen Tipp anwenden können

▶ ... wenn schon seit längerem keine echte Innovation im Markt platziert worden ist,
▶ ... wenn das Unternehmen nicht weiß, wo es in Bezug auf seine Innovationskraft steht,
▶ ... wenn neue Wege zur Marktpositionierung gesucht werden müssen,
▶ ... wenn der Wettbewerb immer stärker wird.

Situationsbeschreibung am Beispiel

Im Rahmen dieses Tipps wollen wir uns mit einem Unternehmen aus dem Maschinenbau beschäftigen, einem mittelständischen Unternehmen aus dem Sauerland mit der Schwerpunktbranche Automotive. Mit ca. 1450 Mitarbeitern produziert das Unternehmen kompakte Fertigungsanlagen für Teilschritte in der Automobilbranche. Auf Grund seiner besonderen Innovationskraft gilt dieses Unternehmen als prägender Innovator in der Schleiftechnologie.

Wie kam es zu dieser Entwicklung und was zeichnete den Erfolg besonders aus? Es ist wichtig zu wissen, dass der Markt der Schleifanlagen ein sehr hart umkämpfter Markt ist und viele Unternehmen an den Innovationsanforderungen der Automobilhersteller scheitern. Höchst Präzision, gute Qualität und geringster Materialabrieb sind nur einige Kriterien, die hier von den Kunden vorgegeben werden.

Das Unternehmen selbst blickt auf fast 100 Jahre traditionsreiches Handeln zurück und scheint vordergründig eher weniger innovativ, und das zu Recht. Denn erst in der jüngeren Geschichte des Unternehmens wurde die innovative Unternehmensführung als Erfolgstreiber entdeckt, eingeführt und gepflegt. Zuvor hatten klassische Optimierungsprojekte und technologische Verbesserungen im Vordergrund gestanden. Echte Innovationen konnten dadurch natürlich nicht entstehen. Der Reifegrad des Unternehmens war auf der untersten Stufe (Abbildung 10.1) angesiedelt und nur durch aktive Veränderung konnte es zum heutigen prägenden Innovator werden.

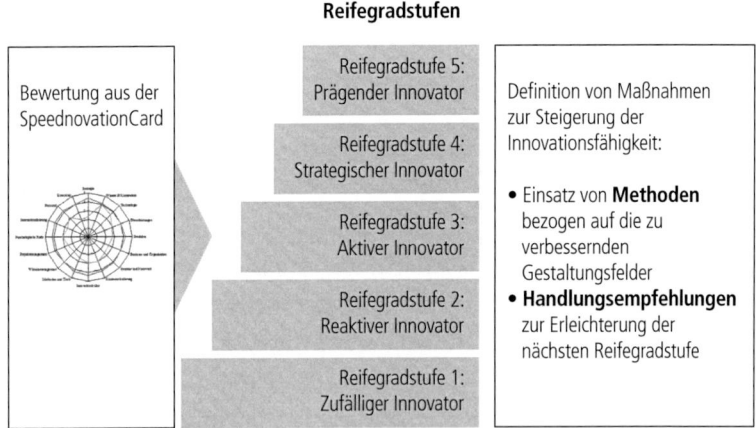

Abb. 10.1 Reifegrad von Innovationen. (Quelle: Speednovation®, K.O.M. GmbH, 2007)

Viele Unternehmen, so auch unser Beispielunternehmen, scheitern anfänglich bei dem Versuch, den Innovationsreifegrad zu erhöhen. Falsche Veränderungsansätze, fehlende Berücksichtigung innovationspsychologischer Aspekte und der fehlende Wille durchzuhalten sind hierfür die Ursachen. Aber welche Probleme stecken noch dahinter und warum fällt es vielen Unternehmen so schwer?

Problemdiagnose

Ein wesentlicher Grund für das Nichterreichen des obersten Reifegrades (Abbildung 10.1) ist die Tatsache, dass die meisten Unternehmen diesen Weg nicht systematisch und bewusst gehen. Es herrscht eher das Prinzip von „Trial and Error" vor, statt der Überzeugung, dass Unternehmen die Position eines prägenden Innovators gezielt anstreben können. Die konsequente und systematische Auseinandersetzung mit der Innovationsreife ist der wesentliche Grund, warum es eine Unternehmung schafft, während andere Unternehmen steckenbleiben bei dem Versuch, ein prägender Innovator im Markt zu werden.

Darüber hinaus leiden die Unternehmen, die den systematischen Ansatz gewählt haben, an einer drastischen Umsetzungsschwäche. So auch unser Beispielunternehmen. Trotz des klaren Bekenntnisses zu einer prägenden Rolle als Innovator im Markt kam das Unternehmen anfänglich nicht über die Stufe eines aktiven Innovator hinaus. Ursächlich hierfür war der sehr patriarchische Führungsstil des Inhabers und seines Managements. Die notwendige Eigeninitiative, um eine neue strategische Ausrichtung zum prägenden Innovator zu erreichen, wurde in der Chefetage unterbunden. Zu groß war die Angst vor Anerkennungs- und Machtverlust bei Kunden und Mitarbeitern. Lieber wollte man einen Marktverlust in Kauf nehmen, statt die eigene Profilierungssucht abzulegen. Die Persönlichkeitspsychologie erklärt uns dabei den zugrunde liegenden Blockademechanismus.

Abbildung 10.2 ist unser Willi dargestellt, der symbolhaft zeigt,
dass unser Verhalten auf zwei Grundstrategien basiert: zum einen
Lustgewinnung und zum anderen Schmerzvermeidung. Lustgewinnung ist immer dann eine sehr begehrte Strategie, wenn die
Veränderung, die Aktion oder das Verhalten viel Freude bereitet
und der Erfolg des Handelns direkt erkennbar ist. Die Schmerzvermeidungsstrategie hingegen wird immer dann eingesetzt, wenn
wir Gefahr laufen, etwas zu verlieren oder körperlich verletzt zu
werden. Diese Schmerzvermeidungsstrategie und auch die Lustgewinnungsstrategie sind vererbte Verhaltensweisen unserer Vorfahren. Als Jäger mussten sie oft weite Strecken zurücklegen und
jeder Meter war voller Gefahren, von denen der Säbelzahntiger nur
eine war.

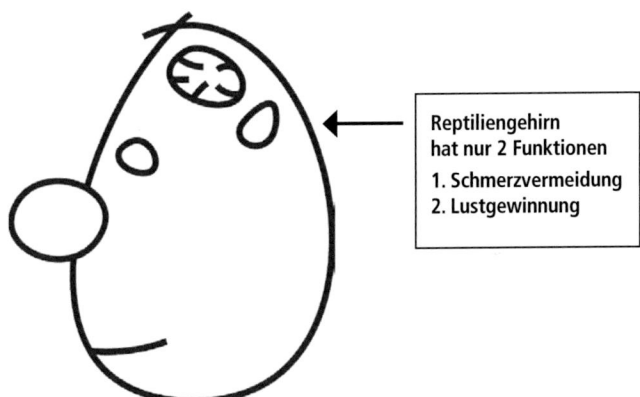

Abb. 10.2 Willi und das Reptiliengehirn. (Quelle: K.O.M. GmbH)

Erblickte unser Vorfahre diesen Feind, so setzte ganz schnell seine Schmerzvermeidungsstrategie ein. Die war dadurch gekennzeichnet, dass der Adrenalinspiegel, ausgelöst durch das „Reptiliengehirn" (Abbildung 10.2) – ältester Gehirnteil bei uns Menschen –, schlagartig in die Höhe schoss. Die Atmung beschleunigte sich, der Herzschlag wurde schneller und alle Energie wurde in Lunge, Herz und Laufmuskulatur gepumpt. Dieser Fluchtreflex sicherte unseren Vorfahren das Leben und verhinderte, dass sie von Raubtieren wie Säbelzahntigern gefressen wurden. Dieser Mechanismus steckt immer noch in uns und wird z. B. beim Hundert-Meter-Lauf bewusst durch die Startpistole (Schrecksekunde) ausgelöst. Heute bedrohen uns zwar keine Säbelzahntiger mehr, aber die Verlustangst ist immer noch da. Heute ist der Verlust von Macht und Ansehen einer der wesentlichen Auslöser für diesen Fluchtreflex, der beim modernen Menschen zu Blockaden und Ablehnung von Veränderungen führen kann. Solange die Mächtigen im Unternehmen diesen Reflex nicht bei sich selbst erkennen und akzeptieren, so lange läuft die Organisation Gefahr, dass Veränderungen nur halbherzig oder gar nicht umgesetzt werden.

Aber noch ein weiteres Problem verhindert die Entwicklung zum prägenden Innovator – die fehlende Innovationskultur. Viele Unternehmen geben sich viel zu wenig Mühe, die Innovationskultur in ihrem Unternehmen zu verbessern oder ganz zu ändern. Befindlichkeiten, Dominanzen einzelner Personen und die fehlende Bereitschaft für eine positive Streitkultur verhindern eine bewusste und aktive Auseinandersetzung mit den menschlichen Faktoren der Innovation im wirtschaftlichen Umfeld. Zu selbstverständlich wird vorausgesetzt, dass die Führungskräfte und Mitarbeiter an innovativen Lösungen interessiert sind. Leider ist dies nur in wenigen Unternehmen der Fall. Das Streben des Menschen nach wenig Energieeinsatz bei der Umsetzung von Aufgaben und dem Suchen nach dem Sinn der täglichen Arbeit sorgt dafür, dass Innovationen oft als Störenfriede, zusätzliche Belastung oder als sinnlos erachtet werden. Hier sind schwere Geschütze aus der psychologischen Therapie einzusetzen, um den Mächtigen und der Organisation zu einem neuen Verständnis zu verhelfen.

Problemlösung

Für unser Beispielunternehmen bedeutet dies, dass insbesondere nachfolgende Ansätze realisiert werden müssen. Um das Ergebnis vorweg zu nehmen: Heute ist unser Beispielunternehmen ein prägender Innovator in seiner Branche.

1. Gezieltes Vorgehen mit Masterplan

Im Rahmen der Diskussion der Ergebnisse aus der Speednovations-Card (Abbildung 10.1) wurde ein systematischer Prozess zur Steigerung des Reifegrades entwickelt, der als Masterplan konsequent umgesetzt wurde. Dabei war eine intensive, moderierende und psychologische Unterstützung erforderlich, um die gewünschten Ergebnisse zu erreichen. Es war insbesondere notwendig, alle Bedenken und scheinbaren Hürden zu beseitigen, um dadurch dann ein neues Bewusstsein und damit Innovationskultur zu etablieren. Durch ein systematisches Nachfassen der Umsetzungsschritte sowie eine ständige Kontrolle der Umsetzungserfolge über definierte Messinstrumente wurde die breite Masse der Mitarbeiter zum Mitmachen motiviert. Plötzlich war die Steigerung des Reifegrades zur Etablierung als prägender Innovator die Aufgabe aller.

2. Changemanagement als echtes Führungsinstrument eingesetzt

Damit die definierten Veränderungen nicht versandeten, wurden Change Agents ausgebildet, die alle psychologischen Methoden erlernten, die für derartige Innovations-/Change-Prozesse notwendig waren. Da diese Change Agents direkt der Geschäftsführung zugewiesen waren, hatte der Geschäftsführer ein wesentlich größeres Vertrauen in die Umsetzung des Innovationskonzeptes. Auch die Kommunikation und Integration der Geschäftsführung wurde durch die Change Agents verbessert. Selbst heute noch unterstützten die Change Agents die Einführung neuer Strukturen und Prozesse. Als Führungsinstrument wurde ein Change-Kompass aufgebaut, mit dem sich sehr transparent der Beitrag jeder Abteilung zum Umsetzungserfolg des Wandels nachvollziehen liess. Damit entstand ein sportlicher Wettbewerb für ein sehr offenes Change-Klima. Für die Führungskräfte war es ein Gradmesser für ihren Erfolg.

3. Belohnungsmaßstäbe anpassen und ergänzen

Um nachhaltig sicherzustellen, dass die angestrebte Position des prägenden Innovators auch erreicht wurde, hat die Unternehmung ihre Bewertungs- und Belohnungsmaßstäbe hierauf ausgerichtet. Das gesamte innerbetriebliche Vorschlagswesen war auf die Zielerreichung als prägender Innovator ausgerichtet. Das gesamte Verbesserungswesen belohnte Optimierungsideen dann besonders hoch, wenn damit die Position des prägenden Innovators gefördert wurde. Selbst der Teil der variablen Vergütung für die Führungskräfte wurde auf die Aktivitäten zum prägenden Innovator ausgerichtet. Somit wurde sichergestellt, dass alle Mitarbeiter und Führungskräfte in der täglichen Arbeit, bei Beurteilungsgesprächen und bei Neueinstellungen ihren Schwerpunkt auf die Erreichung des Zieles, zu einem prägenden Innovator zu werden, legten.

Denkanstöße

- Kennen Sie Ihre Position als Innovator im Markt sehr genau?
- Welche Innovationskultur leben Sie im Augenblick und wo werden gute Ideen besonders gefördert und wo behindert?
- Welche Ziele streben Sie als prägender Innovator an?
- Was motiviert Ihre Führungskräfte zur Höchstleistung?
- Ist Ihr Beurteilungs- und Bewertungssystem auf eine prägende Rolle als Innovator ausgerichtet?

Tipp 11: Führungskräfte zu digitalen Innovationscoaches machen

Wann Sie diesen Tipp anwenden können

▶ ... wenn die digitale Revolution Ihren Markt und damit die Existenz Ihres Unternehmens stark beeinflusst,

▶ ... wenn die Führungskräfte zu wenig verändern,

▶ ... wenn Führungskräfte nur Machtpromotoren sind und keine echten Gestaltungspromotoren,

▶ ... wenn die Entscheidungsfindung zu lange dauert.

Situationsbeschreibung am Beispiel

Die Digitalisierung unserer Welt nimmt mit rasender Geschwindigkeit zu – ein Fakt, der gerade für eine innovative Unternehmensführung immer mehr an Bedeutung gewinnt. Daher gibt es eine Vielzahl von konkreten Beispielen, die sich mit dieser Herausforderung beschäftigen. Ich habe mich für einen Konzern im Bereich des Gesundheitsmarktes entschieden, der gerade dieser Herausforderung nach einem professionellen Change-Projekt sehr erfolgreich gerecht wurde. Das Unternehmen startete als Old Economy mit einem nicht zu unterschätzenden Innovationspotenzial, tat sich aber sehr schwer, dieses in konkrete Markterfolge umzusetzen – es gab viele gute Stürmer und Torchancen, aber zu wenig Tore. Die Aufgabe war nun herauszufinden, was für diese Situation ursächlich war.

Nach intensiven Analysen zeigte sich, dass viele Innovationsprojekte zu komplex aufgesetzt waren. In der Sprache des Fußballs würde dies einem sehr langsamen und über viele Stationen ablaufenden Spielaufbau entsprechen – eine Komplexität, die dazu führte, dass die Entscheidungenprozesse zu langwierig waren und mit der Veränderungsgeschwindigkeit in der digitalen Welt nicht mehr mithalten konnten. Erschwerend kam noch hinzu, dass das Unternehmen als Konzern gegen eine Vielzahl von Spezialisten im Markt antrat, die sich über die digitale Welt in verschiedenen Innovationsprozessen vernetzten. Ein weiterer, prägender Aspekt des Unternehmens war die Tatsache, dass in jedem Projekt eine Vielzahl von Führungskräften und Entscheidungsträger involviert war, was zu einer extremen Rivalität führte. Die Situation war sehr stark von Profilierung, Machterhalt und fehlender Veränderungsbereitschaft geprägt – eine typische Ausgangssituation, die in vielen Unternehmen existiert, die eine kritische Größe überschritten haben. „Zu viele Köche verderben den Brei", sagt ein altes Sprichwort. Dies galt auch für unser Unternehmensbeispiel. Sehr schnell verloren die Akteure das eigentliche Ziel einer innovativen Lösung für neue Produkte und Dienstleistungen in Kombination mit einer digitalen Vernetzung aus dem Auge und begannen mit Kleinkriegen über Kompetenzen und Zuständigkeiten. Alles andere als ein zeitgemäßes Coaching im Innovationsprozess war die Folge.

Aber warum hat sich diese Situation so entwickelt und was zeichnet ein professionelles Coaching im Innovationsprozess aus? Welchen Anforderungen muss ein digitaler Innovationscoach gerecht werden? Um diese Frage praxisnah beantworten zu können, ist es wichtig, einmal hinter den Kulissen die tatsächliche Ursache des Problems zu beleuchten.

Problemdiagnose

Was war geschehen? Auf Basis der ersten Bestandsaufnahme wurden alle beteiligten Führungskräfte einem Scanning unterzogen. Dabei zeigten sich die ersten Ursachen für diese erfolglosen Innovationsbemühungen. Führung wurde sehr oft falsch interpretiert. Führung war für viele Manager in unserem Beispiel der Drang zu mehr Einfluss durch ständiges Hinterfragen der Entscheidungen aller anderen. Selbst wenn man nicht direkt von der Entscheidung betroffen war, fühlte man sich gemüßigt, diese zu kommentieren und zu negieren. Die Manager waren mehr damit beschäftigt, sich um die Frage des „Warum" zu streiten als um das „Was und Wie". Damit nicht genug zeigte sich in der Profilanalyse, insbesondere im Vergleich des Anforderungsprofils mit dem Ist-Profil der Manager, dass viele den modernen Anforderungen einer digitalen Führungskraft nicht mehr gerecht wurden. Da fehlte die Fähigkeit, sich auf Veränderungen positiv einzustellen, die Überzeugungskraft für neue Wege und die Digitalkompetenz, sich mit neuen Medien und neuen Märkten des digitalen Zeitalters aktiv zu beschäftigen. Gerade im Bereich des Innovationscoachings bedarf es einer neuen Unternehmenskultur, für die der tägliche Wandel und Paradigmenwechsel zum Alltag gehören und die schnelle Analyse und Entscheidung für das „richtige" Verhalten und den Auftritt im Netz zum Überlebensfaktor wird. Ein Stück Forschergeist und Neugier auf Neues sind dabei die treibenden Motive, sie waren jedoch in unserem Beispielunternehmen nur ansatzweise und vereinzelt erkennbar. Dessen nicht genug zeigte sich auch, dass es kein einheitliches Verständnis für ein erfolgreiches Innovationsmanagement gab und eine übergreifende Innovationsstrategie nie entwickelt wurde. Somit war eine hohe Ziel- und Konzeptionslosigkeit bei den Führungskräften erkennbar, die nahezu jede notwendige Entscheidung unmöglich machte oder verzögerte. Die Machtpromotoren dominierten das Feld und die notwendige Teamarbeit zur Lösung der definierten Aufgaben existierte nur vereinzelt. Da viele Manager keine Ausbildung als Coach genossen bzw. zu Change Agents entwickelt wurden, wussten sie auch nicht, was zu tun war. Somit war der Umgang mit Teams eher unsicher bis „laissez-faire" und führte zu einer Verselbständigung einzelner Prozesse – eine konzentrierte und fokussierte Steuerung des Innovationsprozesses war damit unmöglich geworden.

Neben dieser sehr stark auf die Führungskräfte fokussierten Problemdiagnose zeigte sich bei der Systemanalyse, dass auch in den Prozessen und der Organisation selbst eine Vielzahl von Veränderungen notwendig war. Die Prozesse waren zum großen Teil auf Grund ihrer fraktalen Struktur für ein Innovationscoaching nicht geeignet. Es war nicht möglich, z. B. den Ideenfindungsprozess zu kanalisieren. Die Ideenentwicklung war das Privileg einiger weniger und nicht systematisiert im Unternehmen verankert. Die Nutzung der digitalen Welt als Innovationstreiber für Neues war dabei aus falschen Angstvorstellungen und Unkenntnis eher verpönt. Die Mächtigen gaben den Takt und das Kommando vor und die Mitarbeiter gewöhnten sich daran. Fehlende Eigeninitiative und Accountability waren die Folge. Nur wenn es gelingt, die zentralen Prozesse zu vereinfachen und zusammen zu führen, dann können die Mitarbeiter motiviert einen echten Beitrag zur Innovationsumsetzung leisten. Dazu war es jedoch auch notwendig, die aktuelle Aufbauorganisation auf ihre Tauglichkeit für ein professionelles Innovationscoaching zu überprüfen und gegebenenfalls anzupassen.

Problemlösung

Zur Lösung der erkannten Probleme war es zwingend notwendig, ein neues Bewusstsein in den Köpfen der verantwortlichen Führungskräfte zu verankern. Eine Einstellungsänderung wurde eingeleitet, die darauf basierte, dass die Führungskraft als moderierter Coach erfolgreich den neuen Herausforderungen einer stärkeren Innovationskraft und digitalisierten Welt gerecht werden kann. Es wurden die Anforderungsprofile neu definiert, Qualifizierungsprogramme aufgesetzt und die gesamten Führungsebenen über den Vorstand in einem Strategieprozess an die Veränderungen herangeführt – der digitale Innovationscoach als moderner Führungsstil war geboren. Seine auf dem Prinzip des Coachings basierende Arbeitsweise sollte vor allem nachfolgenden Ansprüchen gerecht werden.

1. „Wissensproduzent"

Der digitale Innovationscoach arbeitete nach der Umsetzung der Qualifizierungsmaßnahmen nur noch im Team und förderte aktiv alle zukunftsweisenden Konzepte. Dabei versorgte er die Teams mit notwendigem Wissen und übte gemeinsam mit ihnen die Anwendung. Aus dem Kommandostil wurde ein Integrationsstil bei der täglichen Führung. Plötzlich wurden Zusammenhänge deutlich und die Steuerung des Innovationsprozesses einfacher. Wissen wurde aus verschiedensten Quellen durch den Innovationscoach zusammengeführt und „gut verdaulich" dem Team zugeführt. Dieser Prozess wurde zum Standard und sorgte für ausreichend Dynamik und neue Perspektiven.

2. „Überblicksproduzent"

Um die Prozesslandschaft zu vereinfachen, war es notwendig, den Führungskräften ein neues Verständnis von Prozesssteuerung zu vermitteln. Nicht die punktuelle Intervention im Prozess ist gefragt, sondern die Schaffung eines weisen, weitsichtigen und umfassenden Überblicks und Zusammenhänge, die ansonsten niemand erkennen würde. Der „Überblicksproduzent" erzeugte ein Stück Gelassenheit im Team und war der Fels in der Brandung bei schwierigen Aufgaben. Voraussetzung hierfür war jedoch, dass dieses Überblickswissen nicht für eigene persönliche Interessen missbraucht wurde. Es sollte ausschließlich der Sache dienen und ein zentraler Beitrag für eine innovative Unternehmensführung sein.

3. „Netzwerkproduzent"

Die Schaffung von zielführenden und wechselnden Netzwerken innerhalb und außerhalb der Organisation war ein weiterer Schlüssel zum Erfolg. Durch eine veränderungsorientierte Unternehmensvision, die die Lösung von Herausforderungen im digitalen Zeitalter in den Mittelpunkt gestellt hat, wurde eine neuartige Stimmung erzeugt. Viele Mitarbeiter entwickelten sich zu wahren Kreativitätskünstlern. Plötzlich entstanden unorthodoxe Lösungsansätze zur Optimierungen von Prozessen und Organisationen oder für neue Produkte bzw. Dienstleistungen, die dem Unternehmen den Spirit eines Pioniers im Markt zurückgaben. Die Vernetzung baute Barrieren ab und schuf ein neues Verständnis zur Problembewältigung. Es entstand eine Fußballmannschaft, die miteinander spielte und durch kreative sowie unkonventionelle Spielzüge ihre Überlegenheit auf dem Platz zeigte. Tore waren dann nur noch eine Frage der Zeit. Die Vernetzung sorgte in unserem Beispielunternehmen für Dynamik und Kreativität – aber dies intelligent gesteuert und geplant durch die Führungskultur eines Innovationscoachs. Die Innovationsstrategie sorgte dabei für die notwendige Klammer und Ausrichtung aller Beteiligten und war die Basis für eine Vielzahl von Anpassungen.

4. „Neugierproduzent"

Eine zentrale Motivation für Organismen, sich neue Reize und Stimulationen zu suchen, ist nach Berleyne (1974) die Neugiermotivation (vgl. Scholl 2004, S. 214 ff.). Er hat in Studien gezeigt, dass die Neugiermotivation ein entscheidender Faktor für Veränderung und damit Innovationen ist. Der digitale Innovationscoach muss ständiger Produzent dieser Neugiermotivation sein. Dazu muss er natürlich selbst neugierig und offen für Impulse sein. Diese Impulse kommen gerade in unserem Zeitalter aus und durch das digitale Netz. Daher ist ein solides Grundwissen über digitale Chancen, Risiken, Mechanismen und Anwendungen notwendig. Außerdem ist es wichtig, dass er als Coach auch weiß, wie Menschen psychologisch auf Reize reagieren und wie diese zur Motivation genutzt werden. Daher hat unser Beispielunternehmen sein „Belohnungs-/ Bestrafungssystem" überdacht und neu definiert. Es entstand ein System, das sowohl dem Einzelnen als auch dem Team Anreize setzte, noch neugieriger zu werden. Dabei spielte der monetäre Aspekt nur eine geringe Rolle. Die Motivationspsychologie zeigt uns nämlich auch, dass gerade das Zielerreichen und die damit verbundene gesellschaftliche, also soziologische, Anerkennung ein sehr starker Motivationstreiber sein kann. Diesem und noch weiteren Aspekten wurde das neue System gerecht. Die Umsetzungserfolge in den Innovationsprojekten bestätigten dabei dem Management, dass es mit dieser grundlegenden Neuausrichtung auf dem richtigen Weg war.

Es sollte an dieser Stelle nicht unerwähnt bleiben, dass neben der Einführung eines neuen Führungsverständnisses vom Entscheidungsdiktat zum digitalen Innovationscoach auch die prozessualen und organisatorischen Rahmenbedingungen angepasst wurden. Diese wurden jedoch schon in den praktischen Tipps 1 bis 4 ausführlich behandelt.

Denkanstöße

- Kennen Sie die Aufgaben, Kompetenzen und Führungsstil eines digitalen Innovationscoaches?
- Welche Spielregeln haben Sie für einen optimalen Innovationsprozess definiert?
- Haben Sie ein modernes Wissensmanagement in Ihrem Unternehmen etabliert?
- Wie gut haben Sie Ihre Führungskräfte und sich selbst schon auf das digitale Zeitalter eingestellt?
- Wer ist bei Ihnen in der Organisation annähernd schon ein digitaler Innovationscoach und wie können Sie daraus ein Erfolgsprinzip machen?

Quellen

Berlyne, D. E.: Konflikt, Erregung, Neugier. Zur Psychologie der kognitiven Motivation, Stuttgart: Klett 1974
Scholl, Wolfgang: Innovation und Information. Wie in Unternehmen neues Wissen produziert wird, Göttingen: Hogrefe-Verlag 2004

Tipp 12: Zeittreiber in Innovationsprojekten beseitigen

Wann Sie diesen Tipp anwenden können

- ▶ ... wenn Innovationen oft nicht rechtzeitig fertig werden,
- ▶ ... wenn Sie Fachmessen mit Prototypen ausstatten müssen,
- ▶ ... wenn zu wenig Innovationen entwickelt werden und sie nicht zu den Bedürfnissen passen,
- ▶ ... wenn Machtkämpfe verschiedener Abteilungen die Innovationsprojekte dominieren.

Situationsbeschreibung am Beispiel

In vielen Unternehmen ist ein wesentliches Verbesserungspotenzial das Einhalten von definierten Budgets und eine Beschleunigung des „Time-to-market"-Erfolges für Innovationsprojekte.

So auch in unserem Beispielunternehmen aus dem Bereich der Sanitärbranche. Trotz hervorragender Entwickler und Produktmanager gelang es dem Unternehmen nicht, sehr zeitnah neue Produkte auf den internationalen Märkten zu platzieren.

Ein Umstand, der dazu führte, dass die Wettbewerber immer die Nase vorne hatten und unser Beispielunternehmen auf dem zweiten Platz landete. Diesen Zustand wollte das Topmanagement so nicht mehr akzeptieren und führte ein Projekt 3F – „Fit for Future" – ein, das die Innovationsprozesse beschleunigen und effizienter gestalten sollte.

Zentraler Projekttreiber war dabei die Abteilung Forschung und Entwicklung. In ihrem Einflussbereich lagen ca. 80 Prozent der relevanten Gefahren für Zeittreiber im Prozess sowie Entscheidungsportale. Bei näherer Betrachtung stellte sich jedoch heraus, dass nicht nur der Bereich Forschung und Entwicklung (F & E), sondern die diversen Schnittstellen im vor- und nachgelagerten Bereich für diese Zeittreiber eine wesentliche Mitverantwortung trugen. Eine Vielzahl von teilweise unnötigen Abstimmungsmeetings verzögerte den Projektverlauf und unterbrach häufig den Fortgang der Entwicklungsarbeiten. Viele Mitarbeiter waren dadurch gezwungen, ihre Tätigkeiten oft zwei- bis dreimal neu aufzunehmen, was immer eine unnötige, erneute Einarbeitungsphase voraussetzte. Erschwerend kamen eine oftmals unklare Projektstruktur und Projektbeschreibung hinzu. Sehr oft wechselten die Projektzuständigkeiten und Projektinhalte. Viele Impulse aus dem Topmanagement flossen oft ungefiltert in die Projektarbeit ein und verwirrten mehr, als dass sie einen konstruktiven Beitrag leisten konnten.

Analysierte man die aktuelle Situation weiter, so wurde schnell klar, dass eine wesentliche Ursache für den hohen Zeitverlust darauf basierte, dass notwendige Marktinformationen nicht vorhanden oder nur schwer ermittelbar waren. Der gesamte Vertrieb fühlte sich für die Gestaltung des Innovationsprozesses weder genötigt noch verantwortlich, obwohl gerade dieser Bereich am meisten nach Innovationen verlangte, um die Marktposition des Unternehmens weiter ausbauen zu können. Damit war die Entwicklung eines umfassenden und aussagefähigen Lasten- und Pflichtenheftes nicht möglich. Die Konsequenz war ein Schlingerkurs in den Innovationsprojekten, da eine eindeutige Ausrichtung und zielstrebige Entwicklungsarbeit nicht möglich war.

Wie eine Studie (vgl. Arthur D. Little, 2004) zeigt, ist die Mehrzahl von befragten Unternehmen der Ansicht, dass die Verantwortung für Produkt-/Dienstleistungsinnovationen nicht im Bereich F & E liegen soll. In unserem Beispielunternehmen war dies jedoch anders. Gerade F & E sollte die Regie im Prozess führen und die anderen Bereiche waren mehr oder weniger Zuschauer. Dass dies nicht funktionieren konnte, war zwar klar, aber der Machtanspruch der F & E-Abteilung so hoch, dass ein teamorientierter Prozess nicht akzeptabel war. Somit war neben der schwierigen Prozesslandschaft und den fehlenden Marktinformationen noch ein weiteres Problem aufgetaucht: der Abteilungsegoismus von F & E. Die Führungskraft wollte einfach nicht loslassen und andere Bereiche in die Innovationsprojekte integrieren. Die Mitarbeiter hingegen plädierten schon seit Jahren dafür, den Innovationsprozess für andere Bereiche zu öffnen. Die Führungskraft lehnte dies jedoch kategorisch ab. Da jetzt die ganze Erfolgslast auf den Schultern der F & E-Mitarbeiter lastete, entstand dort sehr schnell ein hohes Maß an Versagensangst. Diese Versagensangst sorgte für weitere extreme Verunsicherung und verlangsamte die Entscheidungsprozesse in den Innovationsprojekten.

Zum besseren Verständnis der Gesamtsituation dieses Unternehmens wurde eine Vielzahl von Untersuchungen mit den Mitarbeitern durchgeführt, die eine sehr genaue Problemdiagnose ermöglichte.

Problemdiagnose

Es ließen sich insgesamt vier zentrale Ursachen als Zeittreiber in den Innovationsprojekten lokalisieren:

1.   Fehlende Markttransparenz

Die größten Zeitfresser waren die unzähligen Nachfragen und Marktrecherchen im internationalen Umfeld, die oft von den Vertriebsmitarbeitern behindert wurden. Der Abteilungsegoismus im Bereich F & E war auch im Vertrieb zu erkennen. Der Zugang zu Kunden für notwendige Befragungen wurde systematisch erschwert und eine aktive Unterstützung für notwendige Marktrecherchen war nur teilweise vorhanden. Die notwendige Markttransparenz für nutzenorientierte Innovationen fehlte in unserem Beispielunternehmen komplett. Wären einige Mitarbeiter aus dem Bereich F & E vor ihrer Tätigkeit im Vertrieb gewesen, dann hätte das Unternehmen später weniger Probleme bekommen. Leider reichte diese spärliche Kompetenz einzelner Mitarbeiter im wachsenden internationalen Wettbewerb nicht mehr aus. Hier galt es schnell Abhilfe zu schaffen, indem ein teamorientierter Innovationsprozess etabliert wurde.

2.   Widersprüche in der Innovationsphilosophie im Gesamtunternehmen

„Das Design bestimmt den Erfolg!? Die technische Lösung steht im Mittelpunkt?! Die flankierenden Serviceleistungen sind die Erfolgstreiber?!" – diese und noch eine Vielzahl anderer widersprüchlicher Ansätze wurden im Unternehmen als Innovationsphilosophie propagiert. Eine klare Ausrichtung fehlte. Auch ein strategisches Grundgerüst war nicht zu erkennen. Somit entwickelte jeder Bereich seine eigene Vorstellung über den scheinbar richtigen Innovationsansatz. Da jedoch viele Bereiche über eine Produktausschusssitzung in den Umsetzungsprozess der Innovation direkt oder indirekt involviert waren, entwickelten sich diese Besprechungen immer zu Grundsatzdiskussionen, ohne dass notwendige Entscheidungen zur Fortführung des Prozesses getroffen wurden. Orientierungslosigkeit sorgte für individuelle Ansätze, die isoliert betrachtet auch nachvollziehbar und gerechtfertigt erschienen, aber für das Gesamtunternehmen nicht tragbar waren.

3. Unkenntnis über die eigene Kernkompetenz und Nutzenkurve im Markt

Für viele Unternehmen, so auch für unser Beispielunternehmen, ist die Kenntnis der eigenen Kernkompetenz eine Sammlung von Vermutungen und vergangenen Stärken. Viele Entwicklungen und Veränderungen des Unternehmens in den verschiedenen Märkten bzw. im Rahmen seines Dienstleistungsangebotes werden dabei nur unzureichend berücksichtigt. Die Kernkompetenz eines Unternehmens ist ein lebendiges evolutionäres Gebilde, das sich über die Jahre hinweg den neuen Situationen in den Märkten anpasst. Nur wenn es gelingt, diese „schleichende" Anpassung bewusst zu beschleunigen und allen Mitarbeitern zu vermitteln, bleibt das Unternehmen wettbewerbsfähig. Diese Selbstheilungskräfte der Unternehmen werden jedoch noch zu selten aktiv genutzt. Das Gleiche gilt für eine nutzenorientierte Ausrichtung des Unternehmens im Markt (siehe auch Tipp 8: Entwicklung einer nutzenorientierten Innovationsstrategie).

4. Veraltete Produktkomponenten

Da unser Beispielunternehmen nur sehr wenig Finanzmittel in die Weiterentwicklung der Produkttechnologie im Sinne einer Grundlagenforschung investiert hat, sind viele Produktkomponenten veraltet und entsprechen nicht mehr den technologischen Möglichkeiten. Insbesondere die Nutzung neuer Materialien – weniger Kupfer und mehr Kunststoff – verhinderte eine Design- oder Anwendungsinnovation. Hier zeigten sich jetzt langsam, aber sicher die Schwächen und Fehler der Vergangenheit. Das Unternehmen wurde dadurch für neue Anwendungen des Marktes ausgeschlossen. Die Produktivität sank in einem hohen Maße.

Problemlösung

Im Rahmen eines übergreifenden Projektes wurden die aktuellen F & E-Prozesse und die vor-/nachgelagerten Schnittstellen analysiert. Dabei wurde nicht nur die Zeitproduktivität des Ideenprozesses und des Entwicklungsprozesses analysiert und optimiert, sondern auch die psychologischen Barrieren beseitigt, die die bisherige Integration des Mitarbeiter außerhalb von F & E erschwerte. Hierzu wurden Teamentwicklungs-Workshops durchgeführt, in denen vor allem ein gemeinsames Grundverständnis und eine einheitliche Innovationsphilosophie entwickelt wurden. Das Topmanagement lieferte hierzu die notwendige strategische Ausrichtung und zeigte neue finanzielle Perspektiven für eine moderne Grundlagenforschung auf. Das „Fit-for-Future"-Programm beinhaltete dabei auch die Auflösung von Teilbereichen der F & E-Abteilung und des Produktmarketings, das dann in einer neuen Einheit Market-Development zusammengefasst wurde.

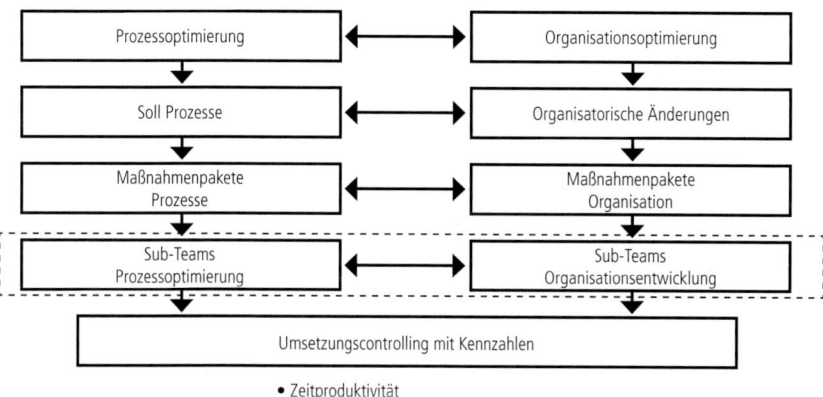

Abb. 12.1 Der Implementierungsprozess (Organisations-/Prozessent-wicklung). (Quelle: K.O.M. GmbH)

Diese neue Einheit stellte sich im späteren Verlauf als der zentrale interne Innovationstreiber heraus. Die Führungskraft im Bereich F & E wurde durch eine Nachwuchsführungskraft ersetzt. Wie in Abbildung 12.1 erkennbar ist, wurden die optimierten Prozesse systematisch und nachhaltig implementiert und über Kennzahlen überwacht. Um jedoch diese Lösungsansätze systematisch umsetzen zu können, wurde im Vorfeld ein Innovationsaudit mit Innovationsbericht durchgeführt. Dies basiert auf einer Analysemethodik, die alle zentralen Aspekte des Innovationsmanagements umfassend beleuchtet, wie Abbildung 12.2 deutlich zeigt. Der ganzheitliche Auditierungsansatz ermöglicht die plastische Darstellung von Zusammenhängen in verschiedenen Analysebereichen. So zeigte sich in unserem Beispielunternehmen, dass die Innovationsprozesse sehr stark durch eine unklare Innovationsstrategie behindert wurden und dass die Innovationskultur nicht umfassend im Unternehmen etabliert war.

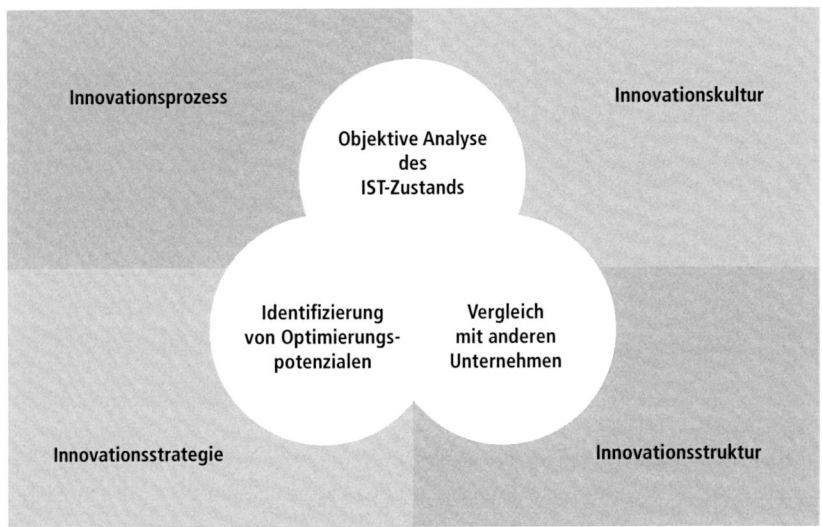

Abb. 12.2 Speednovation®-Audit – Zentrale Betrachtungsfelder.
(Quelle: Speednovation® K.O.M. GmbH, 2007)

Nur durch einen breit angelegten Veränderungsprozess wurde es möglich, die Zeittreiber zu beseitigen und damit die Innovationskraft des Unternehmens zu steigern. Inzwischen genießt das Unternehmen in seiner Branche den Ruf des echten Innovators mit einer hohen „Just-in-time"-Kompetenz.

Denkanstöße

- Wie beschreiben und definieren Sie Ihre Innovationsprojekte?
- Wie gut ist Ihr Ideenmanagement ausgeprägt und etabliert?
- Gibt es spürbare Innovationsrivalitäten zwischen Vertrieb und F & E in Ihrem Unternehmen?
- Wer blockiert Innovationen in Ihrem Unternehmen und warum?
- Beschreiben Sie kurz Ihre Innovationsphilosophie und die dazu gehörige Innovationsstrategie!

Quelle

Arthur D. Little: Studie „Innovation Excellence in Dienstleistungsindustrien", 2004

Tipp 13: Die richtige Stimmung für eine innovative Führung schaffen

Wann Sie diesen Tipp anwenden können

▶ ... wenn zu viele Projekte versanden,

▶ ... wenn zu wenig Eigeninitiativen durch die Mitarbeiter entstehen,

▶ ... wenn das „Ja, aber" und das „Entweder-oder" dominieren,

▶ ... wenn nur wenige das Unternehmen vorantreiben und neue Impulse geben.

Situationsbeschreibung am Beispiel

Für diesen Tipp habe ich ein inhabergeführtes Unternehmen aus dem Bereich des Anlagenbaus gewählt, das als Komponentenlieferant im Anlagenbau tätig ist. Dieses Unternehmen ist ein Paradebeispiel dafür, wie aus einem erfolgreichen Unternehmen ein exzellentes, erfolgreiches Unternehmen werden kann, vorausgesetzt die Führungskräfte beherrschen das richtige Stimmungsmanagement. Aber erst einmal eins nach dem anderen.

Bei näherer Betrachtung dieses Unternehmens zeigte sich folgendes Bild: Bei fast allen Führungskräften war ein hohes Defizit an

Eigenverantwortlichkeit und Eigeninitiative zu erkennen. Häufig wurden Aufgaben von einer Abteilung zur nächsten weiterdelegiert und nicht wirklich gelöst. Probleme, Hindernisse und auftretende Störungen in den Arbeitsprozessen wurden entweder ignoriert oder beschönigt. Dazu war eine fehlende Offenheit für Neues und Veränderungen zu spüren. Zu viel „Ja, aber" und zu wenig „Wird gemacht" sorgten dafür, dass sinnvolle Anpassungen zerredet wurden. Das Unternehmen kam langsam aber sicher zum Stillstand. Hinzu kam, dass sich viele Führungskräfte mit dieser Situation überfordert fühlten und es dadurch schon zu einigen Burn-Out-Ausfällen gekommen war. Die ständige Überlastung erzeugte darüber hinaus eine sehr aggressive, negative und gereizte Stimmung im Unternehmen. Der Einzelne versteckte sich und der notwendige Austausch zwischen Bereichen und Personen war zum Erliegen gekommen. Falls es überhaupt noch zu kontroversen Diskussionen kam, dann mehr über Nebenkriegsschauplätze als über die tatsächlichen anstehenden Fragestellungen.

Bei näherer Rückfrage stellte sich heraus, dass viele Führungskräfte sich mit Vorwänden umgaben, um gestellte Aufgaben nicht realisieren zu müssen. Die Überbelastung hat sich so weit entwickelt, dass eine Blockadehaltung als einziger Ausweg für das eigene Überleben gesehen wurde. Die Stimmungslage war im gesamten Unternehmen gekippt, und zwar in ein hohes Maß an Lageorientierung und ein geringes Maß an Handlungsorientierung.

Problemdiagnose

Zur detaillierten Analyse der aktuellen Stimmungslage im Unternehmen war es notwendig, die Background Personality des Unternehmens zu analysieren. Hierzu wurden diverse Interviews, Online Surveys und Fallstudien durchgeführt. Ziel der Untersuchung war es herauszufinden, was oder welcher Bereich eine derartig negative Affektsteuerung – Affekte sind Gefühle, Emotionen und Stimmungen – auslöst. Abbildung 13.1a zeigt den Wirkmechanismus von Affekten in unserem Gehirn. Neueste Studien haben gezeigt, dass dieses Phänomen nicht nur für einzelne Personen, sondern auch für ganze Abteilungen, Bereiche und Niederlassungen gilt. In unserem Beispielunternehmen war es so, dass gerade der Bereich Entwicklung sehr anfällig für ein derartig negatives Stimmungsmanagement war, was sich im Detail in Abbildung 13.1b ablesen lässt.

Diese zeigt sehr deutlich, wie eine Background Personality auf externe Affekte reagiert. So wird z. B. bei sehr starken negativen Affekten (A⁻) der „Innere Navigator", also der sehr kritische und nachdenkliche Teil unseres Gehirns bzw. einer Gruppierung von Menschen, angesprochen.

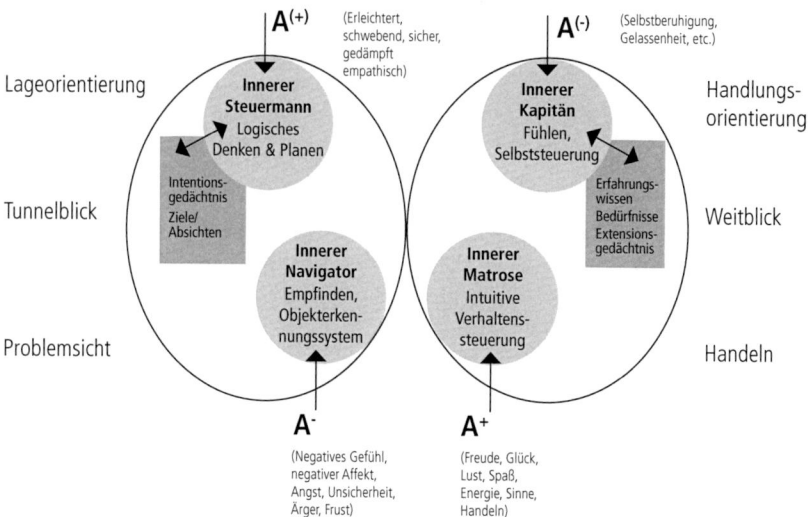

Abb. 13.1a PSI-Theorie – Vier Systeme. (Quelle: K.O.M.-Motivator®, K.O.M. GmbH, 2009, basierend auf der PSI-Theorie nach Kuhl 2001)

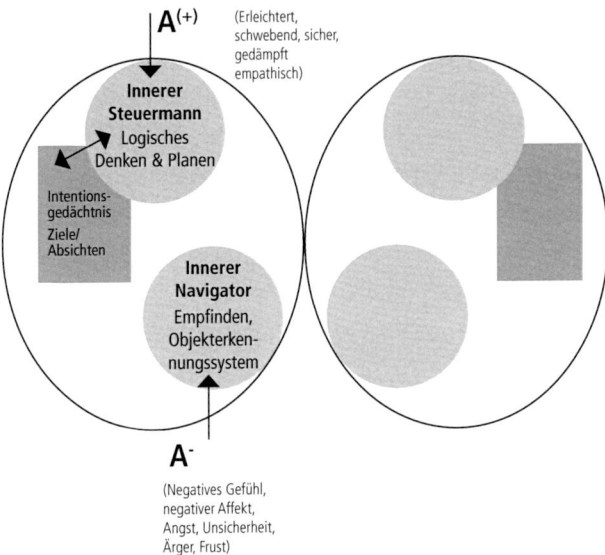

Abb. 13.1b Objekterkennung und Denken und Planen (linke Seite). (Quelle: K.O.M.-Motivator®, K.O.M. GmbH, 2009, basierend auf der PSI-Theorie nach Kuhl 2001)

Gerade Menschen, die sehr oft das Gefühl haben, überfordert oder übervorteilt zu sein, neigen dazu, diese Stimmung stark zu absorbieren und im Team weiterzugeben. Sie verstärken dabei den negativen Effekt dieser angstvollen und misstrauischen Stimmungslage. Dies kommt insbesondere daher, dass das Gehirn auf die äußeren Affekte damit reagiert, dass es die unterschiedlichen Gehirnbereiche aktiviert und damit die anderen blockiert. Wer zu viele negative Affekte um sich herum hat, wird selbst depressiv und nachdenklich. Dies gilt auch für Abteilungen. In unserem Beispiel hat die Entwicklungsabteilung mit ihren ständigen Befürchtungen, ihrer Problemsichtweise und ihrer fehlenden Handlungsorientierung die anderen, eigentlich eher handlungsorientierten Abteilungen wie den Vertrieb angesteckt.

Damit rutschte die Gesamtorganisation in eine ablehnende Arbeitshaltung. Die Produktivität ging damit drastisch zurück, selbst in Bereichen wie der Produktion, mit denen die Entwicklungsabteilung nur wenige Berührungspunkte hatte. Aber der Frustvirus verbreitete sich rasend schnell und ließ die Gesamtstimmungslage kippen. Die Führungskräfte waren machtlos gegen diese Entwicklung, da ihnen effektive Instrumente zur Bekämpfung dieser negativen Affekte fehlten. Über eine detaillierte Analyse konnte nachgewiesen werden, dass diese negative Stimmung der Hauptverantwortliche für die fehlende Eigeninitiative und Handlungsorientierung war. Aber warum konnten die Führungskräfte dies nicht ändern? Die Antwort war schnell gefunden:

Führungskräfte sind selbst Teil dieses vernetzten Gehirns in der Organisation und konnten sich daher nicht selbst objektiv genug reflektieren, um die Ursache richtig zu diagnostizieren. Da das Unternehmen bis zu diesem Zeitpunkt noch kein Instrument zur Messung der Background Personality besaß, konnte nur der Zustand, aber nicht die Ursache genau beschrieben werden.

Problemlösung

Zentrale Aufgabe war es nun, dieses Instrument einzuführen, um dann die Gesamtorganisation durch Affektregulation ($A^- \rightarrow A^{(-)}$) wieder zu beruhigen und zu motivieren (vgl. Abbildung 13.1c). Durch den Aufbau von mehr Gelassenheit und Überblick wurde die Überforderung der Mitarbeiter in der Entwicklungsabteilung reduziert und ihr negativer Affekt eingedämmt. Diese Eindämmung führte dazu, dass der „Innere Kapitän" das Ruder übernahm und die Mitarbeiter ihre Stärken wieder besser zur Wirkung bringen konnten.

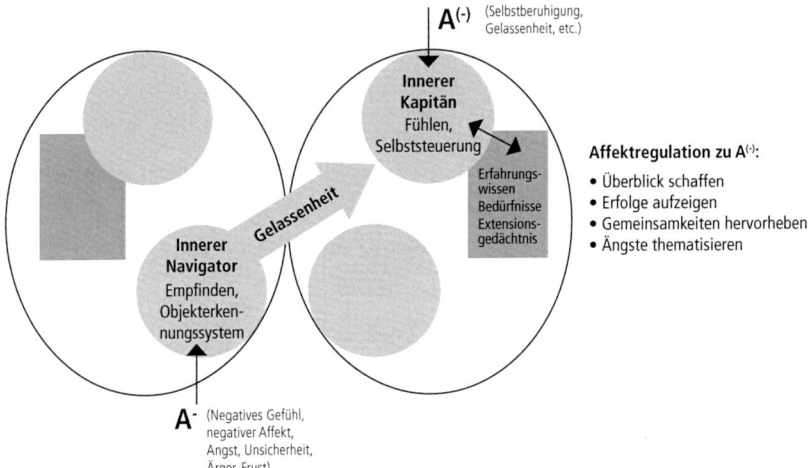

Abb. 13.1c Affektregulation zur Handlung/Umsetzung $(A^- \rightarrow A^{(-)})$. (Quelle: K.O.M.-Motivator®, K.O.M. GmbH, 2009, basierend auf der PSI-Theorie nach Kuhl 2001)

Sie wurden aktiver, handlungs- und problemlösungsorientierter als zuvor. Der erste Schritt zu einem professionellen Stimmungsmanagement war gemacht. Für eine innovative Führung ist es sehr wichtig, dass diese Affektlagen rechtzeitig erkannt und beeinflusst werden. Nur so kommt es zu schnellen, kreativen und vor allem neuen Ansätzen bei der Unternehmensoptimierung sowie dem Innovationsmanagement. In unserem Beispiel umfasste die Problemlösung jedoch auch noch andere Bereiche des Stimmungsmanagements.

Um eine nachhaltige Umsetzung des Stimmungsmanagements in der Organisation sicherzustellen, war es notwendig, dass die Führungskräfte auch lernen, Menschen und Organisationeinheiten zur Umsetzung zu bewegen. Zu oft versandeten Projekte in unserem Beispielunternehmen. Hierzu schauen wir uns Abbildung 13.1d einmal genauer an. Sie zeigt uns eine andere, sehr wichtige Affektregulation, nämlich die einer leicht optimistischen, positiven Stimmungslage $(A^{(+)})$ zu einer sehr motivierenden und handlungsfördernden Stimmungslage (A^+).

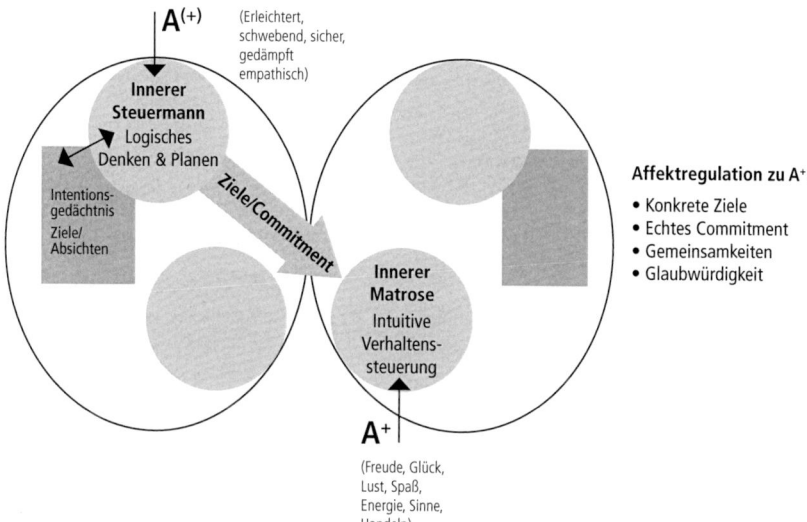

Abb. 13.1d Affektregulation zur Handlung/Umsetzung ($A^{(+)} \rightarrow A^+$). (Quelle: K.O.M.-Motivator®, K.O.M. GmbH, 2009, basierend auf der PSI-Theorie nach Kuhl 2001)

Dies bedeutet, dass unser „Innerer Steuermann", der für das Denken und Planen zuständig ist, nach dem Festlegen einer bestimmten Handlungsabsicht (z. B. „Ich räume mein Büro auf") das Ruder verlassen und der „Innere Matrose" das Ruder übernehmen muss. Dieser „Innere Matrose" sorgt nämlich dafür, dass es tatsächlich zur Handlung kommt, dass es also nicht bei der Absicht des Aufräumens bleibt, sondern ich oder eine Abteilung so motiviert ist, dass das Büro gerne und voller Energie aufgeräumt wird. Diese Motivation kann nur über konkrete, einfache Ziele und ein echtes Commitment erfolgen, gleichgültig, ob ich dieses Commitment mit mir selbst oder einem fremden Dritten vereinbare. Das Commitment muss immer mit einer Belohnung verbunden sein, sei es, das ich in meinem aufgeräumten Büro nicht mehr lange suchen muss und damit Zeit spare oder ich ein Lob von meinem Chef bekomme.

Die Belohnungsart suchen wir uns selbst aus, und wenn wir im Team und als Team gelobt oder anderweitig belohnt werden, erhöht dies sowohl unsere eigene Handlungsorientierung als auch die des gesamten Teams und sorgt damit für gute Stimmung. Unsere intuitive Verhaltenssteuerung, die für das aktive Handeln zwingend aktiviert sein muss, reagiert nur auf positive Affekte in Kombination mit einfachen, klaren Zielen und ehrlichen Commitments. Bestechungsversuche durch Geld oder Tantiemen wirken hier nur kurzfristig und oft auch nur einmalig. Echte Motivation und damit nachhaltige Lustgewinnung für eine Aufgabe entsteht ausschließlich in der intuitiven Verhaltensteuerung.

Genau diesen Mechanismus haben die Führungskräfte in unserem Beispielunternehmen eingeführt und nachhaltig betreut. Die Folge war ein Stimmungswandel hin zu mehr Innovationfähigkeit und Veränderungsbereitschaft.

Denkanstöße

- Kennen Sie die Stimmungslage Ihrer Background Personality wirklich?
- Wie detailliert haben Sie die Kompetenzverteilung in Ihrem Unternehmen in einer Kompetenzmatrix abgebildet?
- Fühlen sich Ihre Führungskräfte auch sehr oft überfordert?
- Wie hoch sind die Krankenstände wegen Burn-Out in Ihrem Unternehmen?
- Wie anfällig ist aus Ihrer Sicht die Organisation Ihres Unternehmens?

Quelle

Kuhl, Julius: Motivation und Persönlichkeit. Interaktion psychischer Systeme, Göttingen: Hogrefe 2001

Tipp 14: Innovationsteams richtig zusammenstellen

Wann Sie diesen Tipp anwenden können

▶ ... wenn Ihre Organisation viele Ideen hat, aber nichts umsetzt,
▶ ... wenn Ihre Organisation ein perfektes Planungssystem hat, sich aber die Markterfolge nicht einstellen,
▶ ... wenn Ihre Organisation hektischen Aktionismus bevorzugt,
▶ ... wenn Ihre Organisation von einer Analyse zur nächsten jagt, ohne zu entscheiden.

Situationsbeschreibung am Beispiel

Für diesen Tipp möchte ich gerne ein Projekt mit einem Unternehmen aus der Zweiradindustrie heranziehen – ein Unternehmen, das in seinem Markt sehr erfolgreich agiert und ein hervorragendes Image genießt. Dennoch tat es sich in der Umsetzung von Innovationsprojekten immer etwas schwer. Entweder fehlte es an Kreativität, analytischer Basis oder an Umsetzungskompetenz und Motivation, bis zum Schluss durchzuhalten. Fachkompetenz war dabei nie wirklich ein Problem. Im Gegenteil zeigten viele Auszeichnungen seiner Kunden, wie professionell das Unternehmen seine Kundenaufträge realisierte. Die Situation war vielmehr dadurch gekennzeichnet, dass oft beim Projektstart in der interdisziplinären Zusammenarbeit Machtkämpfe eskalierten und ein Querdenken nicht zustande kam. Zu oft fehlte es auch an einem ganzheitlichen Lösungsansatz für das Unternehmen – der Überblick ging schnell zu Gunsten von Details verloren. Wenn es dann doch einmal zu einem Lösungsansatz kam, dann versandete dieser im Tagesgeschäft und es kam zu keiner nachhaltigen Umsetzung. Das Unternehmen konnte somit seine guten Kundenleistungen durch innovative Ansätze nicht zusätzlich steigern. Man beschränkte sich auf die Umsetzung des Tagesgeschäfts und schaffte den Sprung in ein neues innovatives Zeitalter nicht. Dabei waren die Bemühungen der Mitarbeiter und Führungskräfte enorm und es mangelte auch nicht an Ideen. Vielmehr schien die Zusammenarbeit der einzelnen Unternehmenskräfte oder Mitarbeiter suboptimal zu erfolgen. Der Einzelne und die einzelne Abteilung brachten es zu Spitzenleistungen, aber die Projektteams nicht. Offenkundig lief die Projektarbeit oder die Projektteamstruktur nur suboptimal. Eine detailliertere Analyse sollte hier Klarheit verschaffen.

Problemdiagnose

Im Rahmen einer Quick-Analyse sowie Desk Research wurde untersucht, inwieweit die These der nicht optimalen Projektarbeit und Zusammensetzung der Projektteams wirklich stimmte. Hierbei zeigte sich: Nicht das Projektmanagement war die Ursache, sondern die Zusammenstellung der Projektteams wies einen signifikanten Mangel auf. So wurden über mehrere Testreihen hinweg neue Kombinationen mit unterschiedlichen Teammitgliedern getestet und an einer

Referenzgruppe erprobt. Es wurde deutlich, dass die Auswahl der Teammitglieder auf Basis ihres Fachwissens keinen signifikanten Unterschied aufzeigte, was die Qualität und die Geschwindigkeit der Problemlösung anbelangte.

Ein völlig anderes Bild ergab jedoch die Gehirndominanz der einzelnen Teammitglieder. Hier zeigten sich deutliche und signifikante Unterschiede in der Art von Projektarbeit, Problemlösung und Umsetzungskompetenz. Da gab es Teams, die sehr stark in der Analyse und der Planung waren, aber keine echte Lösung für das gestellte Problem fanden. Andere Teams hingegen fanden sehr schnell eine Problemlösung, verzettelten sich aber in der Umsetzung und kamen somit zu keinem greifbaren Ergebnis. Ein anderes Team wiederum arbeitete sehr motiviert und auch sehr strukturiert, doch leider erkannten sie weder das eigentliche Problem, noch fanden sie eine kreative Lösung.

Die verschiedenen Projektbeispiele machten deutlich, dass der Projekterfolg sehr stark von der richtigen Kombination der Gehirndominanzen der Teammitglieder abhing. Aus diesem Grund wurde ein neues System zur Zusammenstellung von Projektteams entwickelt und eingeführt.

Problemlösung

Der neue Ansatz zur Zusammenstellung der Projekt-/Innovationsteams basiert auf drei zentralen Kriterien. Die nachfolgende Aufzählung soll keine Priorisierung darstellen, da alle Kriterien gleichermaßen erfüllt sein müssen.

1. Fachkompetenz der Teammitglieder

Bei der Auswahl der notwendigen Fachkompetenz in Projekt-/Innovationsteams lassen sich Unternehmen, so auch unser Beispiel, zu sehr von einem Gedanken leiten: Wer hat in der Vergangenheit erfolgreich solche oder ähnliche Projekte realisiert? Damit sind es immer die gleichen Verdächtigen, die in Projektarbeit gesteckt werden, ohne zu beachten, dass deren Zeitkapazität schon längst überschritten ist. Eine Überforderung ist somit bei den scheinbar guten Mitarbeitern oder Führungskräften vorprogrammiert. Viel besser wäre es auch, einem Newcomer eine Chance zu geben, damit man seine besondere Fachexpertise gezielt einsetzen kann. Oftmals sind es aber auch gerade diejenigen, die keine ausgewiesene Fachkompetenz haben, die am besten querdenken und einen Beitrag zu einer echten Neuerung leisten können.

2.   Einstellung zum Projekt oder Innovationsauftrag

Das „Wollen" bestimmt unser Handeln (Abbildung 1.1) und wer nicht die richtige Einstellung und Motivation zu einem Projekt entwickeln kann, sollte auch nicht im Projektteam mitwirken. Die Integration kann auch parallel zum Projektverlauf erfolgen. Sehr oft entwickeln sich dann die anfänglichen Pessimisten zu echten Befürwortern, da sie den Sinn und den Erfolg des Projektes erst später erkennen können. Für den Projektstart und den erfolgreichen Abschluss bedarf es aber positiver Befürworter und Mitarbeiter oder Führungskräfte, die in diesem Projektauftrag eine echte Chance für sich selbst erkennen können. Wer erst lange überzeugt werden muss, sollte erst später in das Innovationsprojekt eintreten.

3. Gerhirnprägungen und Teamfähigkeit

Wenn es um die Zusammenstellung von Innovations- oder Projektteams geht, wird dieses Kriterium in den seltensten Fällen in den Unternehmen berücksichtigt, obwohl es besonders wichtig für die erfolgreiche Umsetzung ist. So auch in unserem Beispielunternehmen: Die ersten beiden Kriterien waren erfüllt, aber bei Kriterium Nr. 3 zeigte sich die Schwachstelle.

Wie Abbildung 14.1 zeigt, werden wir Menschen von Kindheit an über zwei von vier Vierteln in unserem Gehirn geprägt, entweder als Großhirnler, Kleinhirnler, Rechts- oder Linkshirnler oder Dr. Jekyll und Mr. Hyde (Abbildung 14.2). An dieser Stelle sei darauf hingewiesen, dass es sich lohnt, hierzu ergänzende Literatur zu studieren, um die Zusammenhänge noch besser zu verstehen (vgl. z. B. Neun 2011, S. 73 ff.).

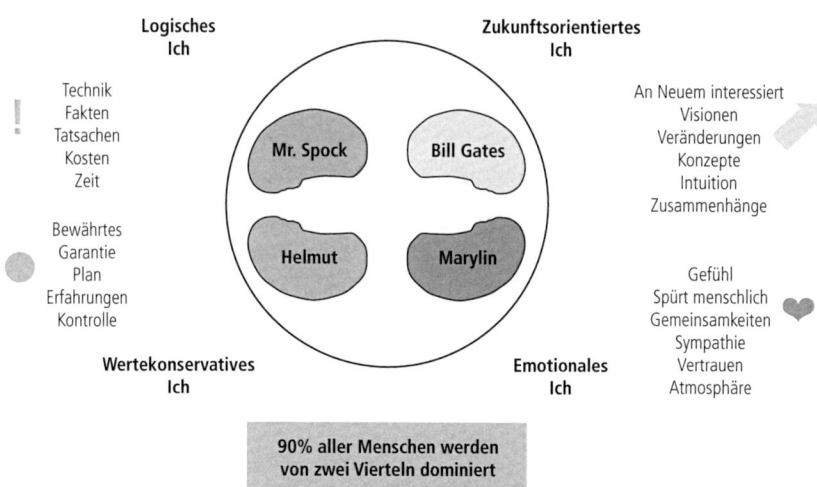

Abb. 14.1 Unsere Gehirndominanzen. (Quelle: K.O.M.-MET®, K.O.M. GmbH, 2002, basierend auf dem Ganzhirnmodell nach Herrmann 1991)

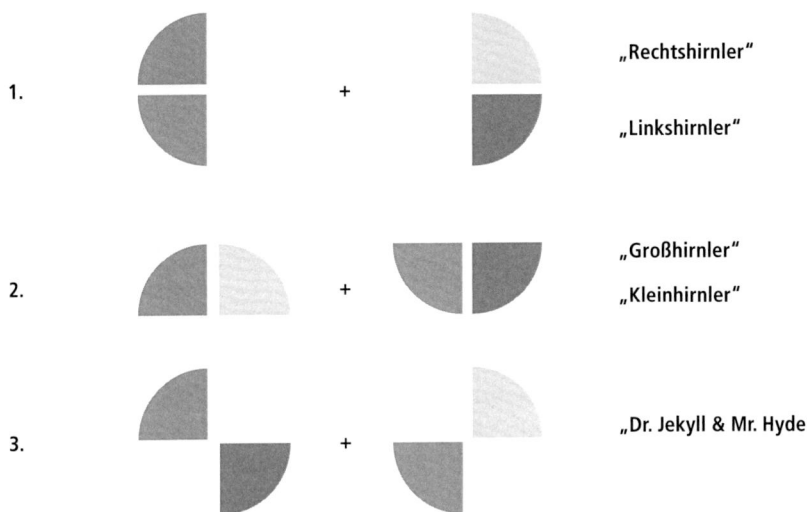

Abb. 14.2 K.O.M.-MET® – Kombination der Prägungen. (Quelle: K.O.M.-MET®, K.O.M. GmbH, 2002, basierend auf dem Ganzhirnmodell nach Herrmann 1991)

Für die Zusammensetzung der Projektteams ist es wichtig, darauf zu achten, dass immer alle vier Viertel durch die richtige Kombination der Mitglieder sichergestellt sind. Ist ein Innovationsteam z. B. von Linkshirnlern dominiert, dann führt das zu einem einseitigen Arbeitsergebnis. Beim Linkshirnler kommt es zu einer Vielzahl von Analysen und Detailauswertungen, aber es entstehen keine kreativen, neuen Lösungen. Wenn z. B. Rechtshirnler ein Team mengenmäßig dominieren, dann gibt es spannende und motivierende Workshops mit vielen neuen Ideen und hektischem Aktionismus, aber die Umsetzung bleibt auf der Strecke, da es niemanden gibt, der diese systematisch plant und nachhaltig steuert. Abbildung 14.3 zeigt im Detail die vier verschiedenen Ichs und deren Ausprägung. In unserem Beispielunternehmen wurde auf Basis dieser und weiterer Signalgeber die Prägung eines jeden Teammitglieds ermittelt und dann diskutiert. Je nach Projektauftrag haben sich dann die richtigen „Gehirndominanzen" selbst gefunden. Der Projekterfolg stieg hinsichtlich der Projektumsetzung um 30 Prozent und die Innovationsquote (Umsatz mit Neuprodukten) um 18 Prozent innerhalb von zwei Jahren. Dieser Erfolg überzeugte das Management und sorgte dafür, dass das Unternehmen heute noch die Gehirnprägungen als wesentliches Auswahlkriterium für die Projektteammitglieder heranzieht.

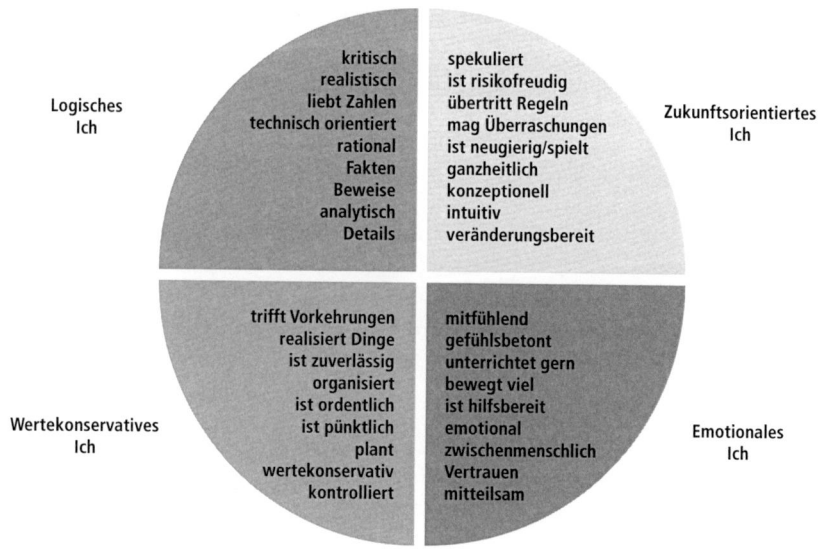

Abb 14.3 Die vier Ichs des Menschen. (Quelle: K.O.M.-MET®, K.O.M. GmbH, 2002, basierend auf dem Ganzhirnmodell nach Herrmann 1991)

Denkanstöße

- Kennen Sie die Prägungen Ihrer Teammitglieder?
- Welche beschriebene Einseitigkeit in Ihren Teams ist Ihnen schon einmal aufgefallen und was haben Sie dagegen unternommen?
- Machen Sie doch den ersten Schritt durch eine Selbstanalyse – welche Gehirnprägung haben Sie?
- Sind Sie offen für Neuroführung?
- Welche Teams würden Sie gerne auflösen und neu formieren – welche der drei Kriterien sollten Sie näher beleuchten?

Quellen

Herrmann, Ned: Kreativität und Kompetenz. Das einmalige Gehirn, Fulda: Paidia 1991
Neun, Winfried: Warum es uns so schwerfällt, das Richtige zu tun. Die Psychologie der Entscheidungen, Göttingen: BusinessVillage 2011

Tipp 15: Die Trägheit im Denken und Handeln überwinden

Wann Sie diesen Tipp anwenden können

▶ ... wenn Sie das Gefühl haben, ständig „fremdgesteuert" zu sein,
▶ ... wenn Sie oder Ihre Organisation sich schwer tun, Vorhaben auch aktiv umzusetzen,
▶ ... wenn Sie Ihre „Inneren Saboteure" kennen lernen wollen,
▶ ... wenn es Ihnen schwerfällt, das Richtige zu tun.

Situationsbeschreibung am Beispiel

Für diesen Tipp wähle ich ein sehr kleines Unternehmen aus: ein Start-Up mit riesigem Potenzial im Bereich der IT-Technologien, ein Unternehmen mit 50 Mitarbeitern und einer genialen Software-Idee zur Optimierung von Wissensmanagement in Unternehmen. Das Unternehmen war getrieben von der Energie und dem Geist des Unternehmensgründers, der nicht nur Motor und Ideengeber, sondern auch Umsetzer war. Seine Mitarbeiter in der Entwicklung waren hochkarätige Spezialisten mit außergewöhnlichen analytischen und kombinatorischen Fähigkeiten. Trotz dieser sehr guten

Startposition wurde im Unternehmen eine Art Trägheit immer deutlicher. Diese Trägheit zeigte sich insbesondere in der Umsetzung von Kundenprojekten und der Neuentwicklung von Problemlösungen. Dabei war es nicht eine Frage der Fachkompetenz, denn die Mitarbeiter erkannten die Lösungsansätze sehr schnell, sondern vielmehr der Umsetzung selbst. Die Dominanz des Inhabers war zum einen ein Segen, aber zum anderen auch ein Fluch. Sein Auftritt erzeugte sehr schnell ungewollt Verlierer in der Organisation. Man traute sich nicht mehr, spontan zu reagieren, und hatte immer mehr und mehr Angst vor Gesichtsverlust, falls ein Lösungsansatz nicht die gewünschten Ergebnisse lieferte. Damit war ein Konfliktpotenzial zwischen Führungskraft und Mitarbeitern entstanden, das sich nicht nur in der Unternehmenskultur niederschlug, sondern auch in den Köpfen aller Beteiligten. Es war zu erkennen, dass einige Mitarbeiter in ihrem Gehirn auf Selbstschutz umgeschaltet hatten. Damit wurden die ständig wachsamen Saboteure in den Gehirnen aktiviert. Die Folgen waren dramatisch: Ein Unternehmen mit einer Top-Produkt-/Dienstleistungsidee stand plötzlich vor der Insolvenz, denn Kundenprojekte wurden abgesagt bzw. abgebrochen. Was war geschehen und wie hatte diese psychologische Veränderung das Team blockiert?

Problemdiagnose

Im Rahmen einer sehr umfassenden Befragung aller Teammitglieder sowie Verhaltensbeobachtungen ließen sich einige psychologischen Phänomene erkennen, die schon lange aus der Evolutionsbzw. der Verhaltenspsychologie bekannt sind.

1.   Erfolg beginnt mit positivem Streit

Bereits seit der Antike wissen wir, dass der intellektuelle Disput ein wichtiges Instrument zur Wahrheitsfindung ist. Nur wer gelernt hat, richtig zu streiten, kann auch erfolgreich sein. Gerade wenn es um Veränderungen oder Innovationen geht, stehen sich immer ein Promotor und ein Opponent gegenüber. Die Opponenten handeln aus dem Bewusstsein des Risikos und der Promotor aus der Überzeugung zur Sache. Beide können durch eine positive Streitkultur dafür sorgen, dass aus „Entweder-oder" ein „Sowohl-als-auch" werden kann, das erfahrungsgemäß oftmals besser ist als die ersten individuellen Lösungen.

2.   Willens- und Fähigkeitsbarrieren überwinden

Dieses Phänomen wurde schon 1973 intensiv erforscht. Als Promotorenmodell (vgl. Witte 1973) ging es dann in die Literatur ein (vgl. Scholl 2004, S. 80 ff.). Entscheidend dabei ist die Tatsache, dass jeder Mensch gerne den eigenen Status Quo erhalten möchte. Dies ist darauf zurückzuführen, dass jede Veränderung den Homo Sapiens Energie kostete und mit Risiken verbunden war. Sobald eine Gruppe unserer Vorfahren zu neuen Nahrungsquellen aufbrach, wurde sehr genau überlegt, wie sich die Chancen-Risiko-Bilanz darstellt. Dies war jedoch kein rationaler Prozess, sondern ein intuitives Erfassen der Umweltbedingungen, ein zentraler Instinkt für das Überleben unserer Spezies. Dieser Instinkt ist immer noch in uns. Geprägt von Erfahrungswerten und überlieferten Weisheiten entscheiden wir uns für oder gegen eine Veränderung. Diese Art der Bilanzierung wird bei dem modernen Mensch sehr stark durch die Rolle von Promotoren beeinflusst, also Menschen, die die Veränderung bejahen und bewerben. Dabei sollen die Barrieren des

„Nicht-Wollens" dadurch überwunden werden, indem die Erfahrungswerte und überlieferten Weisheiten in einen neuen Kontext gestellt werden. Der Perspektivwechsel ist der Start für eine Verhaltens-/Einstellungsänderung. Die Fähigkeitsbarrieren hingegen können insbesondere über unser soziales Gehirn gemeistert werden, denn im Team lassen sich Schwächen gegenseitig kompensieren. Somit ist Teamarbeit nicht nur die Zusammenführung von Leistungskräften, sondern zugleich ein evolutionärer Auftrag. Unser Gehirn hat über Tausende von Jahren gelernt, dass eine Gruppe größere Überlebenschancen hat als ein Individuum.

3. Der freie Wille an sich existiert nicht

In unserem Beispielunternehmen zeigte sich, dass in der Gründungsphase des Unternehmens viele Mitarbeiter sehr frei und ungezwungen agiert haben. Die vorhandene Gelassenheit der Organisation erfasste alle Mitglieder. Die Stresskurven waren noch tolerierbar und es war gewünscht, die Wahrheit zu sagen. In Summe war damit das Aggressionspotenzial in der Organisation sehr gering. Im Laufe der Geschichte des Unternehmens änderte sich dies jedoch dramatisch. Der Stress nahm massiv zu, die Lügner setzen sich immer mehr durch, die Aggressivität der Mitarbeiter und Führungskräfte stieg extrem an. Damit wurden Kräfte in den Gehirnen freigesetzt, die einen freien Willen fast unmöglich machten. Ein ständiges „Hab-Acht-Gefühl" und „Kontrollwahn" prägten die Verhaltensweisen der Menschen. Je extremer die Situation wurde, umso skurriler die Verhaltensweisen der Mitarbeiter. Aus lockeren Sprüchen wurden bösartige Unterstellungen, aus sachlicher Kritik wurde Mobbing und aus dem Bewusstsein, Probleme lösen zu müssen, entstand das Spiel des Verlierers – wer nicht aufpasste, wurde bestraft.

4. Saboteure im Kopf verhindern, das Richtige zu tun

Als die ersten Gespräche mit den Führungskräften geführt wurden, stellte sich die Frage, wie ein derartig solides Unternehmen in eine solche Schieflage geraten konnte – eine vorerst unerklärliche Entwicklung. Sah man sich jedoch dann die Scanning-Ergebnisse der Mitarbeiter an, war eines sofort klar: Hier haben sich die „Inneren Saboteure" in unserem Gehirn eingemischt. „Innere Saboteure" sind Schutzmechanismen, die immer dann eingreifen, wenn wir Gefahren ignorieren, unsere Gesundheit gefährden, uns mehr um andere kümmern, als um uns selbst, und zu viel arbeiten. Gerade der letzte Punkt war ein zentraler Auslöser bei den Mitarbeitern. Die Saboteure an sich waren dabei von Mensch zu Mensch unterschiedlich. Beim einen entstand plötzlich eine Sorglosigkeit, die jede Gefahr in den Projekten ausblendete. Beim anderen entstand ein falscher Durchhaltewillen nach dem Motto: Bloß nicht aufgeben, auch wenn die Arbeitszeit 16 Stunden pro Tag beträgt. Oder es entstand die Aufschieberitis als Verdrängung der Aufgabe und aus der Angst heraus, Fehler zu machen. Denn wenn ich nicht fertig werde, kann ich auch keine Fehler machen (vgl. Roming 2013, S. 21 ff.).

Alle diese Kräfte wurden in unserem Beispielunternehmen aktiviert und sorgten für eine bedrohende Trägheit.

Problemlösung

Es war in diesem Fall schwierig, die zentralen Hebel zur Veränderung zu erkennen, denn letztendlich waren alle analysierten Ursachen alle gleichermaßen verantwortlich für den Misserfolg des Unternehmens. Wir entschieden uns dann für die Einführung einer positiven Streitkultur sowie dem Angebot von individuellen Coachings zur persönlichen Betreuung.

Um die positive Streitkultur zu verankern, war es notwendig, erst einmal ein Bewusstsein für deren Notwendigkeit zu wecken. Was heißt eigentlich POSITIV streiten? Hierzu ist es wichtig zu verstehen, dass der Homo Sapiens an sich ein eher aggressives Lebewesen ist. Er ist auf Kampf, Verteidigung und Eroberung getrimmt. Er will immer mehr und immer schneller. Er ist aber auch ein soziales Wesen und weiß, dass er nur durch und mit der Gemeinschaft seine Ziele erreichen kann. Unser soziales Gehirn kämpft also sehr oft gegen unsere Urinstinkte aus der Zeit unserer Vorfahren. Genau hier an diesem Punkt setzt die positive Streitkultur an. Es sollen auf der einen Seite Aggressionspotenziale abgebaut werden, aber auf der anderen Seite darf die Beziehung zu unseren Mitmenschen nicht zu sehr belastet werden.

Hierfür gibt es ein Fünf-Phasen-Modell (vgl. Abbildung 15.1), das den Ablauf der Gesprächsführung beschreiben soll.

1.   Phase: Ich motiviere mich selbst!

In dieser sehr wichtigen Phase ist es das Ziel, dass ich mich selbst davon überzeuge, den Konflikt oder den Disput auch wirklich austragen zu wollen. Fragen hierzu sind z. B.:

- Wie nehme ich den Konflikt oder den Meinungsunterschied wahr?
- Wie erlebe ich ihn, wie viel Energie, Zeit und Nerven kostet er mich?
- Welche Beziehung habe ich zu meinem Konflikt-/Gesprächspartner?
- Was ist mein Ziel in diesem Streit (max./min.)?
- Was will ich investieren und eventuell riskieren?

Wenn diese Fragen alle beantwortet sind, schließe ich einen Kontrakt mit mir selbst, der entweder Ja oder Nein bezüglich der

Durchführung des Streitgespräches lautet. Im Falle eines Ja kommt es zur Phase 2.

2. Phase: Ich motiviere meinen Partner/Kollegen!

Diese zweite Phase sollte sehr intensiv und nachhaltig durchgeführt werden, denn nur wenn es gelingt, sein Gegenüber zu einem freiwilligen ehrlichen und offenen Austausch zu bewegen, ist die Chance groß, das Streitgespräch positiv zu beenden. Hierzu geht man wie folgt vor:

- Beschreiben Sie die Situation, das Thema oder den Konflikt, so wie Sie es erleben. Vermeiden Sie dabei direkte Angriffe, Vorwürfe oder Beleidigungen. Versuchen Sie, Ihre Gefühle zu äußern.
- Beschreiben Sie, was das Thema für Sie bedeutet und wie wichtig Ihnen das Gespräch oder der Konflikt ist.
- Sorgen Sie für eine faire Atmosphäre und signalisieren Sie schon zu Beginn eine gewisse Kompromissbereitschaft.
- Fragen Sie Ihren Partner, ob er unter diesen Bedingungen gerne mit Ihnen den Konflikt oder das Gespräch an sich führen möchte.

Jetzt ist es wichtig, dass der Gesprächspartner frei und in voller Überzeugung dem Gespräch zustimmt. Erst wenn dieser Kontrakt mit dem Gesprächspartner vorliegt, kann das Gespräch beginnen und Phase 3 starten.

3. Phase: Wir bearbeiten den Konflikt/das Thema

In der dritten Phase werden die Argumente ausgetauscht, dabei ist es besonders wichtig, dass jeder Gesprächspartner ausreden darf.

Auch sollte jede Kritik, die bei den Ausführungen auftreten könnte, vermieden werden, und wenn dies doch notwendig ist, dann bitte als Chance formuliert.

Die Parteien suchen dabei nach Gemeinsamkeiten und nicht nach Unterschieden. Kompromisse und potenzielle Lösungen stehen dabei im Vordergrund und weniger die Abgrenzung zum Gegenüber. Wenn eine gemeinsame Lösung gefunden wurde, dann werden sehr konkrete Maßnahmen gemeinsam festgelegt.

4. Phase: Kontrolle und Sanktionen

Um sicherzustellen, dass die Veränderung tatsächlich umgesetzt wird, sollten beide Parteien auch Kontroll- und Sanktionsmechanismen festlegen. Diese sollen vor allem die Sicherheit geben, dass das Gespräch nicht umsonst war und keiner sein Gesicht verliert, weil einer der beiden sich nicht an die Abmachungen hält. Die Kontrollen sollten terminiert und systematisiert werden. Das Gleiche gilt für die Art und Weise der Sanktionen bei Nichteinhaltung. Dieser Kontrakt soll auch die zukünftige Zusammenarbeit und Problemlösungskompetenzen der Parteien stärken.

5. Phase: Prozessreflektion

Hierbei geht es darum, aus dem Erlebten zu lernen, also positive Erfahrung abzuspeichern. Gerade das Gespräch über das „Wie" hilft zukünftige Dispute oder Konflikte schneller und effizienter zu beseitigen. Beide Parteien lernen damit, dass eine positive Streitkultur ein gutes Instrument ist, um Opponenten und Promotoren einer Sache zusammenzubringen. Hierdurch findet dieses Vorgehen auch Einzug in die Unternehmenskultur und stabilisiert somit die Gemeinschaft. Typische Fragen in der Prozessreflektion sind:

- Wie haben wir dieses Gespräch geführt?
- Was ist uns dabei deutlich geworden?
- Was können wir zukünftig tun, um ähnliche Situationen schneller zu überwinden?
- Was bedeutet dies für unsere Unternehmenskultur?

I Ich motiviere mich selbst

- Wie nehme ich den Konflikt wahr?
- Wie erlebe ich ihn, wie viel Energie, Zeit und Nerven kostet er mich?
- Welche Beziehung habe ich zu meinem Konfliktpartner?
- Was ist mein Ziel (min-max.)?
- Was will ich investieren und eventuell riskieren?

1. Kontrakt mit mir selbst (ja - nein).

II Ich motiviere meine Partner

- Ich beschreibe, wie ich den Konflikt erlebe (Ich-Botschaft).
- Ich beschreibe, was dieser Konflikt für mich bedeutet.
- Ich formuliere meinen Wunsch, diesen Konflikt fair zu bearbeiten.
- Ich frage meinen Partner, ob er das auch möchte und mache einen Vorschlag zur Fortsetzung des Gesprächs.

2. Kontrakt: Ja/Nein, wir wollen das Gespräch führen/nicht führen

III Wir bearbeiten den Konflikt
- Ich gebe meinem Partner Gelegenheit, den Konflikt aus seiner Sicht zu schildern (dabei zuhören, zuhören, zuhören!).
- Wir suchen Lösungsmöglichkeiten.
- Wir entscheiden uns für eine Lösung.
- Wir verabreden konkrete Maßnahmen.

3. Kontrakt: Das haben wir entschieden, das soll gelten.

IV Kontrolle und Sanktionen

V Prozessreflexion
- Wie haben wir dieses Gespräch geführt?
- Was ist dabei deutlich geworden?
- Was können wir tun, um in Zukunft ähnliche Konflikte zu vermeiden?

Abb. 15.1 Fünf-Phasen-Modell für eine positive Streitkultur. (Quelle: K.O.M. GmbH)

Denkanstöße

- Können Sie in Ihrer Organisation positiv streiten?
- Welche Saboteure können Sie bei manchem Mitarbeiter erkennen und was unternehmen Sie dagegen?
- Sind die Rollen der Promotoren bei Innovation klar definiert?
- Wie überwinden Sie zurzeit Willens-/Fähigkeitsbarrieren bei den Mitarbeitern im Rahmen von Veränderungsprozessen?
- Ist Ihre Organisation träge und, wenn ja, worauf führen Sie dies zurück?

Quellen

Roming, Anna: „Selbstsabotage. Warum wir uns manchmal selbst im Weg stehen", in: Psychologie heute 2013, H. 7

Scholl, Wolfgang: Innovation und Information. Wie in Unternehmen neues Wissen produziert wird, Göttingen: Hogrefe-Verlag 2004

Witte, Eberhard: Organisation für Innovationsentscheidungen – Das Promotoren-Modell, Göttingen: Schwarz 1973

Tipp 16: Lernen, das Richtige zu tun – die Psychologie der Entscheidungen

Wann Sie diesen Tipp anwenden können

- ▶ … wenn niemand entscheiden will,
- ▶ … wenn Ihnen Entscheidungen sehr schwer fallen,
- ▶ … wenn die Entscheidungsfindung sehr lange dauert,
- ▶ … wenn die Umsetzung von Entscheidungen oft misslingt.

Situationsbeschreibung am Beispiel

Als Beispiel für diesen Tipp habe ich ein Unternehmen aus dem Bereich der Automobilzuliefererindustrie gewählt. Aufgrund seiner Größe und Komplexität leidet es besonders an Entscheidungs- und Umsetzungsschwäche. An sich ist das Unternehmen trotz dieser Schwäche sehr erfolgreich. Dieser Erfolg basiert vor allem auf dem Umstand, dass es einige wenige Personen gibt, die in der Organisation mit großem Tatendrang und persönlicher Autorität die Geschicke des Unternehmens lenken. Hierbei werden Entscheidungen situativ getroffen und auch manchmal revidiert, und genau das ist die Kehrseite der Medaille dieses Unternehmens. Zu oft findet ein

schneller und für viele Mitarbeiter nicht verständlicher Kurswech-
sel statt. Eine geradlinige Führung ist nur schwer zu erkennen. Dies
führt natürlich zur Verunsicherung der Entscheidungsträger in
zweiter, dritter und vierter Führungsebene. Alle wissen zwar, was
zu tun wäre, aber aufgrund fehlender Konsistenz und Konsequenz
in der Führung, und dabei insbesondere im Entscheidungsprozess,
wird das scheinbar Eindeutige nicht getan. Die Unberechenbarkeit
der Entscheidungswege und Inhalte führen zur Lähmung der Gesamtorganisation. Die Entscheidungsprozesse dauerten im Vergleich zum Wettbewerb viel zu lange, notwendige Eigeninitiative
wurde im Keim erstickt und gute Ansätze systematisch zerredet.
Die Folge war eine Organisation mit hohem Leistungspotenzial,
aber wenig Umsetzungskompetenz. Dass dieser Zustand langfristig
zu einem existenziellen Problem werden würde, war allen Beteiligten klar. Aber auch hier fehlten der Mut und die Bereitschaft,
einmal konsequent und nachhaltig zu entscheiden. Was war zu
tun?

Die Diagnose des eigentlichen Problems erwies sich in unserem
Beispiel als besonders schwer, denn die Organisation hat über Jahre
hinweg gelernt, sich selbst etwas vorzumachen. Erkennbare Signale
wurden aus Angst vor Konflikten und Auseinandersetzungen verdrängt. Trotz dieses Zustandes wurde auf der anderen Seite ständig
die fehlende Entscheidungskompetenz der Führungskräfte beklagt
und bemängelt, dass bei der Umsetzung von gestellten Aufgaben
oder Veränderungen für mehr Innovationskraft zu wenig Eigenverantwortung übernommen wird. Die Diagnose förderte jedoch
noch ein ganz anderes Problem zu Tage.

Problemdiagnose

Bei der Diagnose des Problems war sehr schnell klar, dass es sich hierbei vor allem um ein psychologisches Problem handelt, das sich wie ein roter Faden durch die Organisation zog – nämlich die Bereitschaft, sich zu öffnen und aus einer passiven Opfer-/Erduldungshaltung in eine Gestalterhaltung überzuwechseln. Dabei reichte es jedoch nicht aus, nur eine „positive Stimmung" zu erzeugen, um aus einer lähmenden Lageorientierung in eine dynamische Handlungsorientierung zu wechseln. Viel mehr bedurfte es einer bewussten intellektuellen und schmerzhaften Auseinandersetzung mit der Realität. Die Überwindung des Verdrängungsmechanismus und die bewusste Akzeptanz der schwierigen Führungssituation auf allen Führungsebenen waren die zentrale Behinderung für die erfolgreiche Umsetzung notwendiger Veränderungen. Ein weiteres Kernproblem bestand darin, dass die Erfolgschancen einer Veränderung durch richtige Entscheidungen nicht aufgezeigt, ja sogar nicht gesehen wurden. Somit fehlte grundsätzlich ein Verständnis eines optimalen Entscheidungsprozesses, seiner Erfolgschancen und der hierfür notwendigen Kommunikationsdichte in Richtung aller Ebenen. Diese Trägheit wurde dadurch noch unterstützt, dass der „Urinstinkt" der Beharrlichkeit zur Unternehmenskultur geworden war. Diese Urprägung stammt noch aus Zeiten unserer Vorfahren, als jede Art der Veränderung immer direkt mit einem Risiko für Leib und Leben verbunden war. Verbrauchte eine Veränderung wie z. B. die Umsiedelung der Sippe in ein anderes Jagdgebiet zu viel Energie, ohne den gewünschten Effekt (z. B. mehr Wild zum Jagen) zu erbringen, dann konnte dies zur existenziellen Bedrohung werden. Daher hat unser Gehirn über viele tausende von Jahren einen Schutzmechanismus eingebaut. Wir prüfen in einem Bruchteil einer Sekunde, ob unsere zu treffende Entscheidung einen positiven Effekt haben könnte oder nicht, anders aus-

gedrückt: ob wir durch unsere Entscheidung zu einer positiven
Input-/Output-Bilanz kommen (vgl. Neun 2011, S. 11 ff.). Dabei
werden wir sehr stark von Affekten (Gefühlen, Stimmungen, Um-
welteinflüssen) gesteuert (Abbildung 16.1).

Ist in einem Unternehmen wie unserem Beispielfall eine Kultur
der Unsicherheit und Angst vorherrschend, dann fällt diese Bilanz
zunächst fast immer negativ aus. Erst durch bewusstes, also kogni-
tives Bearbeiten der Entscheidungssituation können wir eventuell
die Chancen erkennen. Dieser sehr langwierige und mit viel Kommunikation verbundene Entscheidungsprozess lähmt eine Organisation. Man vertraut nicht mehr seiner inneren Stimme, sondern
versucht alles, was man machen oder entscheiden will, zu beweisen,
was leider jedoch nicht immer möglich ist.

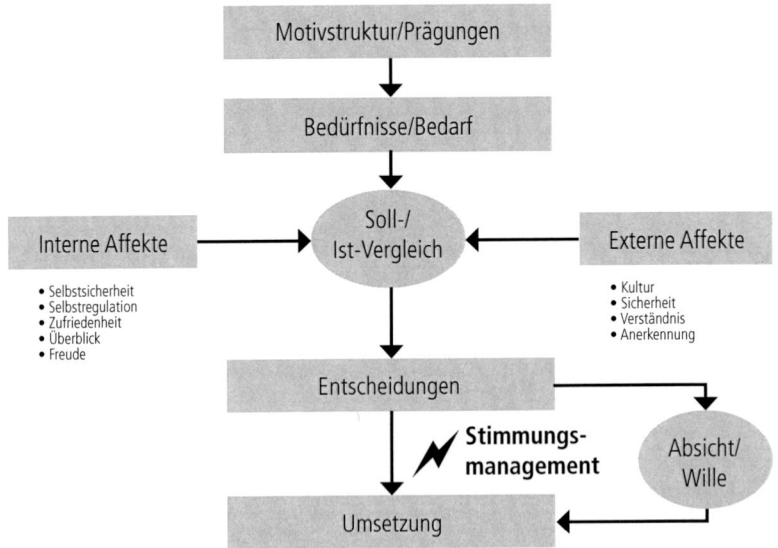

Abb. 16.1 Einflussfaktoren für Soll-/Ist-Vergleich zur Entscheidungsvorbe-
reitung. (Quelle: K.O.M. GmbH)

Aus einer für gute Entscheidungen notwendigen Vertrauenskultur ist in unserem Fall eine entscheidungshemmende Misstrauenskultur geworden. Damit führte Angst vor Verlusten zum explosionsartigen Aufbau von Zentralbereichen, die als Shared-Service-Center die Aufgaben bündeln sollten. In Wirklichkeit war es jedoch die pure Angst, die diese Zentralbereiche entstehen ließ, damit die Kontrolle nicht verloren geht, denn die Optimierung durch die Aufgabenbündelung wurde durch die vielen Diskussionen im Hintergrund wieder aufgebraucht. Natürlich sind Shared-Service-Konzepte im Grundsatz sinnvoll, aber eben nur dann, wenn die Kultur des Unternehmens auch dazu passt.

Damit hatte sich die Problemsituation als sehr komplex erwiesen. Die Unternehmenskultur prägte Angst und Unsicherheit, die Bereitschaft für echte Veränderung war nicht erkennbar und die gefühlte Entscheidungsbilanz war sehr oft negativ. Neben diesen psychologischen Effekten waren auch noch sehr pragmatische, organisatorische Ursachen dafür verantwortlich, dass nicht das Richtige getan wurde. Eines der Hauptproblemfelder war dabei der Tatsache geschuldet, dass die Kompetenzen in der Organisation nicht klar geregelt waren. Für ein Unternehmen mit einer langen Geschichte und einer organischen Organisationsentwicklung ist es mehr als normal, dass sich hierbei Organisationen quasi verselbständigen und die Entscheidungskompetenzen verwässern. Hier war es dringend notwendig, über die Entscheidungskompetenzen und Zuordnungen von gestalterischer Macht mehr Klarheit zu verschaffen. Damit verbunden war auch die Tatsache, dass die Erwartungshaltung an Art, Umfang und Geschwindigkeit von Entscheidungen nicht mehr mit der Realität und den damit verbundenen Möglichkeiten übereinstimmte. Kurz gesagt, man erwartete mehr, als tatsächlich in dieser komplexen Organisation möglich war.

Problemlösung

Die Lösung der erkannten Probleme sollte sich im Nachhinein als sehr langwierig, aber erfolgreich herausstellen. Um eine konsequente und nachhaltige Veränderung sicherzustellen, mussten vier Ansätze umgesetzt bzw. eingeführt werden:

- Einführung einer Entscheidungsmatrix
- Aufbau eines neuen Bewertungssystems für die Führungskräfte
- Einführung eines angstfreien Dialogs mit der Befreiung aus der Knechtschaft des „Müssens"
- Professionelle Kommunikation und Kommunikationswege etablieren

Diese vier Ansätze sorgten dafür, dass sich im Unternehmen die Entscheidungsprozesse beschleunigten und die Mitarbeiter gerne Verantwortung übernahmen.

1.   Einführung einer Entscheidungsmatrix

Es war sehr wichtig, eindeutig zu definieren, wer welche Entscheidungen zu treffen hatte und wer beratend mitwirken soll und über die Entscheidung selbst informiert werden muss. Dabei wurde auch festgelegt, wer letztendlich für die Umsetzung des Prozesses zuständig ist. Dargestellt wurde dies in einer übersichtlichen Matrix, in der die obere Achse die Abteilungen darstellte und die linke Achse die jeweiligen Prozesse (Abbildung 16.2). Über diese Darstellung wurde in der Ist-Aufnahme sehr schnell deutlich, wo doppelte Entscheidungskompetenz zur einer Aufgabe oder einem Prozess vergeben worden waren und es damit zu Konflikten kam. Mithilfe einer Klarstellung und Anpassung sowie der notwendigen Transparenz wurde jetzt für jeden eindeutig ersichtlich, wer welche Zuständigkeiten besaß.

Beispiel: Produktmanagement

Abteilungen / Aufgaben/ Prozesse	Vertrieb	Produktmarketing	F & E	Geschäftsführung	Besonders kritische Schnittstellen Wer?/Mit Wem?
Produktneueinführung	U	E	B	I	Produktmarketing – Vertrieb (Leitung PM/Ltg. Vertrieb)
Produktrelaunch	U	E	B	I	Produktmarketing – Controlling (Ltg. PM/Ltg. Controlling)
Produkttests	B	E	U	I	...
Produktinvestment	I	B	U	E	...
Produktdiversifikation	B	U	E	I	...
Produktpositionierung	U	E	B	B	...
usw.					

B = Beratung
U = Umsetzung
E = Entscheidung
I = Information

Abb. 16.2 Kompetenzmatrix nach K.O.M.-Org®. (Quelle: K.O.M. GmbH)

Das Ergebnis war ein einfaches System mit hoher Transparenz und Übersichtsfunktion. Jeder Bereich entwickelte dabei diese Matrix in seinem Bereich. Die letzte Spalte der Matrix zeigte dann die besonders kritischen Schnittstellen in diesem Prozess bzw. der Aufgabe, und diese wurden im zweiten Schritt detailliert analysiert und optimiert.

2. Aufbau eines neuen Bewertungssystems für die Führungskräfte

Um aus der Misstrauenskultur eine Vertrauenskultur zu machen, war es wichtig, sehr transparent und eindeutig zu zeigen, welches Verhalten im Unternehmen belohnt und welches eher „bestraft" wird. Diese Wertediskussion war der zündende Moment für eine neue Entscheidungskultur. Dabei gerieten alle Wertansätze um das Thema Entscheidungsfindung und Entscheidungsumsetzung in Bewegung. Für viele Workshop-Teilnehmer war dies ein Schlüsselerlebnis. Nicht nur, dass sie ihre eigenen Wertmaßstäbe überdenken mussten, sondern sie sollten auch die neuen Ansätze akzeptieren und verinnerlichen. Dies war kein leichtes Vorhaben, aber mithilfe einer Vielzahl von Übungen, praktischen Beispielen und intensiven Diskussionen wurde letztendlich die notwenige Lust auf die Veränderung geschaffen und eine Eigendynamik in Gang gesetzt.

3. Einführung eines angstfreien Dialogs mit der Befreiung aus der Knechtschaft des „Müssens"

Das Müssen ist der Feind des Wollens. Freier Wille entsteht beim Menschen nur über definierte Absichten und eine Vielzahl von Motiven. Motivstrukturen sind die Treiber für unser Denken und Handeln. Viele unserer Motive können oder wollen wir aber nicht öffentlich zeigen. Somit beginnt ein Katz-und-Maus-Spiel zwischen den eigenen Motiven und der Umsetzbarkeit in unserem Umfeld. Scheindiskussionen, Scheintaktiken und Vorwände statt echte Einwände sind dann die Folge. Je stärker die Angst in einer Organisation regiert, umso höher das Potenzial des Müssens und umso geringer die Chancen des Wollens. Mit einem angstfreien Dialog entrinne ich dem „Drama-Dreieck" als Wechselspiel zwischen Verfolger, Opfer und Retter (Abbildung 16.3). Dieses Dreieck verhindert die Umsetzung der wahren Motive und erschwert die Umsetzung des freien Willens. Zu oft wird diese Situation auch dazu benutzt, den eigenen Willen durchzusetzen. Hierbei werden dann Personen verfolgt und zu Opfern gemacht, nur um die eigenen Interessen durchzudrücken. Wenn im Unternehmen ein angstfreier Dialog als Kulturwert etabliert ist, werden gerade diese Machenschaften aufgedeckt und beseitigt.

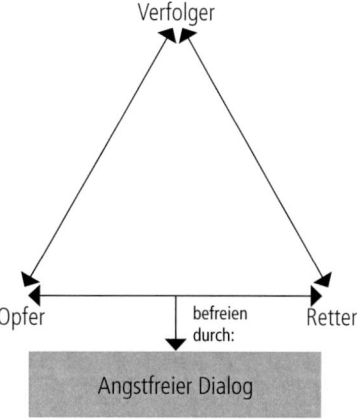

Abb. 16.3 Drama-Dreieck nach der Transaktionsanalyse bei Konflikten. (Quelle: K.O.M.-Motivator®, K.O.M. GmbH, 2007)

Der angstfreie Dialog ist nach neusten wissenschaftlichen Studien der wichtigste Unternehmenswert, um Höchstleistung zu erzeugen. Eine gute strategische Identität mit diesem Wert sorgt dabei für Stabilität und Vertrauen.

4. Professionelle Kommunikation und Kommunikationswege etablieren

Bei diesem Punkt ging es vor allem darum, die Art und Weise, wie kommuniziert wird, neu zu entwickeln: weg von einer reinen E-Mail-Kommunikation hin zu einer, vielleicht altmodischen, aber für uns Menschen wichtigen bilateralen, authentischen Kommunikation. Dabei war es auch wichtig, die Kommunikationswege zu beschreiben, also wer muss mit wem wann und wie kommunizieren. Dies führte auch dazu, dass die bisherige Meeting-Struktur überdacht und neu entwickelt wurde. Alle diese Maßnahmen haben nur einen Zweck verfolgt: die Verbesserung des Verständnisses, warum manche Entscheidungen so getroffen wurden, wie sie getroffen wurden. Die Transparenz des „Warum" war wichtig, um Vertrauen auf- und Vorurteile abzubauen. Gerade die Führungskräfte mussten lernen, dass richtige Kommunikation ein zentrales Umsetzungs- und Führungsinstrument ist, bei dem es darum geht, die Psychologie des anderen zu verstehen und zu akzeptieren.

Denkanstöße

- Wissen Sie genau, wer in Ihrem Unternehmen welche Entscheidungen trifft oder treffen sollte?
- Vertrauen Sie Ihren Führungskräften, was die Richtigkeit ihrer Entscheidungen anbelangt?
- Wissen Sie genau, wie in Ihrem Unternehmen zentrale Entscheidungen vorbereitet werden und wie der Entscheidungsprozess abläuft?
- Kennen Sie die Veränderungsblockaden in Ihrem Unternehmen?
- Stärken Sie den Mut zum Risiko bei Entscheidungen und belohnen Sie Querdenker?

Quelle

Neun, Winfried: Warum es uns so schwerfällt, das Richtige zu tun. Die Psychologie der Entscheidungen, Göttingen: BusinessVillage 2011

Tipp 17: Netzwerke für Ideen und Querdenker schaffen

Wann Sie diesen Tipp anwenden können

▶ … wenn Ihnen die Ideen für Innovationen gleichgültig welcher Art ausgehen,

▶ … wenn das Querdenken im Unternehmen nicht klappt und die Abteilungen nur in den eigenen Bereichen denken,

▶ … wenn kein vernetztes Denken zur Problemlösung etabliert ist,

▶ … wenn Regeln dominieren und die Freiheit des Denkens erschwert wird.

Situationsbeschreibung am Beispiel

Für diesen konkreten Tipp betrachten wir ein Maschinenbauunternehmen aus der Feinmechanikbranche mit etablierten Markenprodukten. Als mittelständisches Unternehmen hat es sich über viele Jahre hinweg einen guten Namen in der Branche erkämpft. Der Markenname ist bei Händlern und Endkunden sehr bekannt und auch beliebt. Gerade die Qualität und die Präzision ihrer Produkte werden im Markt sehr geschätzt. Das Unternehmen hat eine 150-jährige Geschichte hinter sich und vertritt noch sehr herkömmliche, aber wirksame Markenwerte. Trotzdem fällt es dem Unternehmen immer schwerer, neue Märkte zu erobern bzw. etablierte Märkte zu verteidigen. Eine Vielzahl von Wettbewerbern sind im Markt erschienen und versuchen, Marktanteile zu gewinnen. Dabei wurden die Markenprodukte in den Regalen des Fachhandels immer mehr zum Ladenhüter, obwohl das Unternehmen viel Geld und Zeit in die Entwicklung von Innovationen steckte. Es fehlte einfach an zündenden und prickelnden Ideen, die der Markt immer mehr forderte. Im Rahmen einer ersten Analyse zeigt sich dann, dass dem Unternehmen ein professionelles Ideenmanagement fehlte. Dies war nicht nur in der Prozessgestaltung und Prozessbeschreibung zu erkennen, sondern auch hinsichtlich der Art und Weise, wie Entscheidungen getroffen wurden. Vernetzung und Querdenken zwischen den Abteilungen waren nicht vorhanden. Jeder arbeitete für sich und verteidigte sein Territorium. Statt das Wissen um Lösungen zu teilen, wurde gezielt und bewusst abgegrenzt.

Problemdiagnose

Die erste Analyse zeigte, dass der Machtkampf einzelner Personen und Abteilungen das Geschehen dominierte. Es stand keine gemeinsame Problemlösung im Vordergrund, sondern die persönliche Profilierung beim Geschäftsführer und Inhaber. Dieser belohnt das Verhalten durch die Tatsache, dass er sich selbst zum Instrument der Profilierung anderer machen ließ. Aussagen wie: „Ja, der Chef hat aber gesagt" oder „Ich habe das mit dem Chef schon geklärt und er hat mir seine Unterstützung zugesichert" oder „Wenn das der Chef erfährt, dann gibt es Ärger". Diese und viele weitere Aussagen waren die Killerphrasen der Mitarbeiter und Führungskräfte, mit denen sie ihr Territorium und ihre Komfortzone verteidigten. Querdenker, die mit neuen Ansätzen und Lösungen aufwarteten, gerieten in das Kreuzfeuer dieser verbalen Attacken und verstummten schnell. Frustration, Mutlosigkeit und ein Mangel an neuen Ideen oder Ansätzen waren die Folge. Dazu erschwerte eine schlechte Kommunikationskultur den Berufsalltag in diesem Unternehmen. Die meisten sprachen immer von einer „Holschuld", aber niemand sah sich selbst verpflichtet, auch Informationen zu liefern. Wer etwas wissen wollte, musste sich jede kleinste Information zusammensuchen, ein mühseliger und zeitraubender Prozess. Netzwerke der Zusammenarbeit gab es nur dort, wo sich die Teilnehmer gegenseitig schützen konnten. Eine kleine geschlossene Gesellschaft in der Gesellschaft dominierte den Rest des Unternehmens. Konflikte waren an der Tagesordnung und Aggressionen sorgten für schlechte Stimmung. Somit war auch jede neue Herausforderung mit der Angst vor Versagen verbunden. Bloss keinen Fehler machen und immer unerkannt bleiben, war die Devise. Denn wer sich zu sehr nach vorne wagte, lief Gefahr, im Netzwerk der Macht zerrieben zu werden. Diese Situation wurde jedoch bald zu einem existenziellen Problem für das Unternehmen und der Inhaber entschied sich zu massiven Veränderungen.

Problemlösung

Im Rahmen eines persönlichen Scannings der Führungskräfte, bei dem die Persönlichkeitsstruktur der Führungskräfte analysiert wurde, zeigte sich, dass viele von ihnen ihr territoriales Verteidigungsverhalten eher unbewusst betrieben. Hierzu ist es wichtig zu wissen, dass territoriales Verteidigungsverhalten seinen Ursprung ganz früh in der Evolutionsgeschichte des Menschen hat. Wie auch viele

Tierarten verteidigen wir automatisch und unbewusst unser Territorium. Gleichgültig, ob wir immer auf dem gleichen Platz im Büro sitzen wollen, im Flugzeug unseren territorialen Anspruch im Kampf um die Armlehne mit dem Nachbar austragen oder im Urlaub den hart umkämpften Liegestuhl immer wieder aufs Neue reservieren: Alle diese Verhaltensmuster basieren unter anderem auf der Tatsache, dass wir uns gerne gegenüber anderen abgrenzen und echten sowie scheinbaren (z. B. Liegestühle im Urlaub) Besitz vor fremden Dritten verteidigen. Dieses Verteidigungsverhalten finden wir auch bei Entscheidungsräumen in Unternehmen wieder. Wer einmal entschieden hat, z. B. welches Produkt weiterentwickelt werden soll, der glaubt sich ständig dazu befähigt, diese Art von Entscheidungen treffen zu müssen, auch wenn es inzwischen eine neue Abteilung dafür gibt. Dieses Verhalten wird noch dadurch erschwert, dass die Kunst des Kritisierens verlernt wurde. Ein ehrliches und faires Feedback könnte förderlich sein, wenn es darum geht loszulassen. In unserem Beispielunternehmen wurde die richtige Art des Kritisierens verlernt. Damit wurde die Negativausrichtung unseres Gehirns (negativity bias) noch verstärkt. Unter „negativity bias" versteht die Wissenschaft eine Erkenntnis aus der Gehirnforschung: Man hat erkannt, dass es Regionen in unserem Gehirn gibt, die auf negative Reize wie z. B. Kritik stärker reagieren als andere Regionen auf positive Reize. Gerade unsere Angst vor Ausgrenzung in der Gemeinschaft macht uns dabei so sensibel und kritikempfindlich. Im Rahmen einer Vielzahl von Coaching-Sitzungen wurden diese und noch weitere Erkenntnisse über das Verteidigungsverhalten von Menschen mit den Führungskräften besprochen. Je deutlicher ihnen der Prozess und der Mechanismus in unserem Gehirn bewusst wurde, umso mehr lösten sie sich von ihren Gewohnheiten, und sie begannen, sich zu verändern. Damit nicht genug: Zeitgleich wurde ein Teamtraining veranstaltet, das die abteilungsübergreifende Teamarbeit fördern sollte. Dabei entwickelten die Teams neue Lösungsansätze für ein Ideenmanagement. Ein auf die Bedürfnisse des Unternehmens angepasster Standardprozess wurde eingeführt. Die Erfolge waren erstaunlich. Schon nach kurzer Zeit wurden in einer dafür speziell entwickelten Software im Intranet Ideen diskutiert und zu echten Produkt- und Dienstleistungsinnovationen weiterentwickelt. Das Unternehmen begann wieder zu leben. Und um das für das Ideenmanagement und Querdenken notwendige Wissen zu erfassen und bereitzustellen, wurde ein modernes Konzept eines Wissensmanagements entwickelt und umgesetzt. Die Folge war eine eigene Akademie für interne und externe Teilnehmer, die heute einen hohen internationalen Ruf besitzt und fast täglich ausgebucht ist.

Denkanstöße

- Ist in Ihrem Unternehmen ein systematischer Prozess für ein professionelles Ideenmanagement etabliert?
- Kennen Ihre Führungskräfte neue Erkenntnisse aus der Gehirnforschung zur Selbstregulation und Verhaltensänderung?
- Wie erleben Sie Problem-Kommunikation in Ihrem Unternehmen?
- Wo führt territoriales Verteidigungsverhalten zu einem Stillstand im vernetzten Denken?
- Wo sitzen Ihre Querdenker und warum können sich diese nur bedingt durchsetzen?

Tipp 18: Motivation für Innovationen im Generationswechsel neu gestalten

Wann Sie diesen Tipp anwenden können

▶ ... wenn zu wenig Identifikation in der Organisation gelebt wird,

▶ ... wenn eine schlechte Stimmung das Geschehen dominiert,

▶ ... wenn die Mitarbeiter nicht freiwillig Verbesserungen einreichen,

▶ ... wenn die Meinung vorherrscht, dass man seine Entlohnung für Anwesenheit und nicht für Ergebnisse bekommt.

Situationsbeschreibung am Beispiel

Als konkretes Beispiel soll in diesem Fall ein Unternehmen im Bereich Sonderanlagenbau für die Automobilindustrie dienen. Das Unternehmen ist in der zweiten Generation inhabergeführt und im internationalen Wettbewerb sehr erfolgreich. Dies basiert auf einigen Patenten, die noch in der ersten Generation eingereicht und genehmigt wurden. Leider laufen diese Patente jetzt aus und das Unternehmen hat bis dato noch keine wirklich erfolgsversprechenden Alternativen. Im Gegenteil, das Unternehmen ist sehr stark durch Demotivation und Gleichgültigkeit der Beteiligten geprägt: Dienst nach Vorschrift, wenig Ideen und Veränderung nur dann, wenn der „mächtige" Chef (Inhaber: 75 Jahre alt) dies einfordert. Gerade diese sehr starke und intensive Führung durch den Inhaber ist eine der Ursachen für den heutigen Zustand. Eigeninitiative ist nur sehr wenig erkennbar und die Bereitschaft zur Höchstleistung nur vereinzelt vorhanden. Dabei setzen die Führungskräfte und Mitarbeiter oftmals die falschen Prioritäten, nämlich auf Nebensächlichkeiten anstatt auf die echten Herausforderungen des Unternehmens. Veränderungen werden abgelehnt oder in politischen Diskussionen zerredet. All dies führt dazu, dass Projekte terminlich und budgetär überzogen werden, die notwendigen Patente nicht gesichert werden können und der Wettbewerb immer stärker wird. Der Inhaber reagierte mit weiteren neuen Ideen und Ansätzen, um die Mitarbeiter zur Tat zu motivieren. Das Gegenteil war jedoch der Fall. Die Mitarbeiter und Führungskräfte wurden noch lethargischer und die Rückdelegation der gestellten Aufgaben zum Inhaber hatte Hochkonjunktur. Dies ging alles so lange gut, solange der Inhaber die Aufgaben bewältigen konnte. Doch plötzlich bremste eine schwere Krankheit seinen Tatendrang, und die etablierte Geschäftsführung musste selbst zurechtkommen. Das Loslassen war plötzlich harte Realität und die Führungskräfte waren in dieser für sie neuen Rolle überfordert. Wie aber war es überhaupt zu diesem Zustand gekommen?

Problemdiagnose

Bei genauer Betrachtung des Unternehmens wurde deutlich, dass das Unternehmen im Rahmen seines Generationswechsels auf der ersten Stufe steckengeblieben ist (Abbildung 18.1). Der Nachfolge-

Scan erfolgte und eine neue externe Geschäftsführung wurde etabliert, aber die dringend notwendigen nächsten Stufen wurden ausgelassen. Somit wurde der Generationswechsel nicht vollzogen, was zu hoher Demotivation und Frustration bei den beteiligten Personen führte. Ein falsches Bewusstsein machte sich bei den Führungskräften breit, das insbesondere im Inhaber den Problemlöser schlechthin sah.

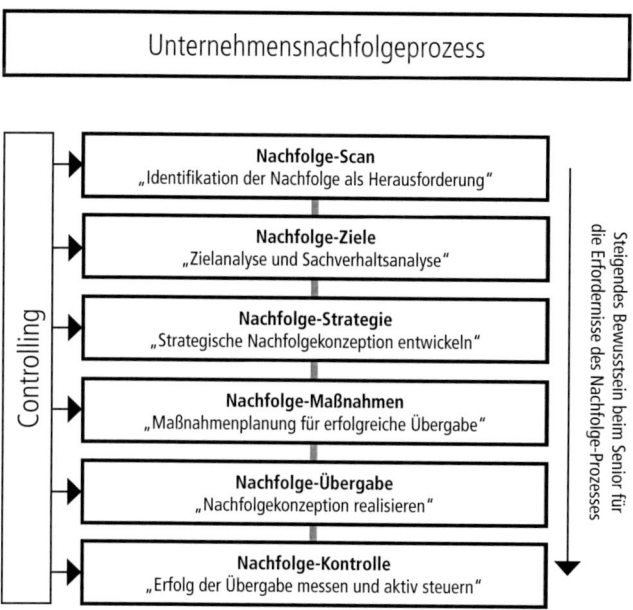

Abb. 18.1 Generationswechsel – Unternehmensnachfolgeprozess. (Quelle: K.O.M.-GDP, K.O.M. GmbH, 2008)

Die Führungskräfte selbst fühlten sich nicht verantwortlich, selbst aktiv zu werden und die Führung in die eigene Hand zu nehmen. Für die Mitarbeiter war dies eine sehr unbefriedigende Situation. Sie wussten genau, dass die Führungskräfte in letzter Instanz keine

Durchsetzungskraft hatten. Die Folge waren Intrigen der Mitarbeiter untereinander und gegenüber den Führungskräften. Die eigentliche Arbeitsmotivation galt diesen Spielen statt der Lösung von Problemen. Erschwerend kam noch hinzu, dass fehlende Anreizsysteme keinen zusätzlichen Ansporn zur Höchstleistung erzeugten. Das Mittelmaß war für viele Mitarbeiter und Führungskräfte ausreichend. Sicherlich wäre diese Situation einfach zu beheben gewesen, wenn da nicht die Orientierungslosigkeit der Führungskräfte zu einem kontinuierlichen Stillstand geführt hätte. Das Unternehmen hatte keine mit den Führungskräften gemeinsam entwickelte Vision oder Mission. Für die tatsächliche Führungskraft, den Inhaber, war die Vision zwar klar, aber eben nur für ihn. Er selbst lebte die Vision des technologischen Marktführers, aber er teilte diese Auffassung nicht mit seiner Führungsmannschaft. Dies hatte zur Folge, dass viele Entscheidungen des Inhabers für die Führungskräfte nur bedingt nachvollziehbar waren und die Führungskräfte selbst viele Entscheidungen unter hoher Unsicherheit treffen mussten. Diese fehlende Orientierung im Sinne einer eindeutigen strategischen Identität mit einer verständlichen und tragbaren Vision verhinderte jegliche Veränderung und erstickte die notwendige Veränderungsmotivation im Keim.

Somit waren die Hauptursachen für die fehlende Motivation für Innovationen und Veränderungen lokalisiert:

- Kein konsequent umgesetzter Generationswechsel mit aktivem Loslassen
- Fehlende strategische Identität mit Vision und Mission für die stabile Umsetzung eines notwendigen Transformationsprozesses
- Schwache Führungskräfte mit wenig Identifikation und Eigeninitiative
- Fehlende Orientierung bei Mitarbeitern und Führungskräften

Im Rahmen der Problemlösung sollte sich darüber hinaus noch eine weitere, sehr tiefgreifende Motivationsbremse zu erkennen geben.

Problemlösung

Der erste Schritt zur Veränderung begann beim Inhaber selbst. Er musste lernen, loszulassen und zu verstehen, dass Delegation nicht die Lösung sein muss für ein Problem, sondern der Weg zur Lösungsfindung. Mit seinem Führungsverhalten entriss er seiner eigenen Mannschaft das Denken. Er sorgte damit für Bequemlichkeit und geringe Motivation, denn das herausfordernde Problem löste er selbst, ohne die Führungskräfte zu integrieren. Sobald ein Mitarbeiter oder eine Führungskraft widersprach, fühlte er sich persönlich in seiner Autorität angegriffen und missverstanden – eine Diskussion war dann unmöglich. Erst nachdem er durch seine Verhaltensänderung neue Maßstäbe und Werte etablierte, wurde der Weg frei gemacht für die Stufe 2 im Generationswechsel und mehr Motivation für Innovationen. Hierzu wurden gemeinsam mit Führungskräften und Mitarbeitern im Rahmen eines definierten Strategieprozesses eine strategische Identität und Innovationsstrategie entwickelt – ein Prozess, der große Kräfte freisetzte und zu Höchstleistungen führte. Dadurch wurde ein neues Verständnis von Führung und Innovationen im Unternehmen etabliert, was zu einem echten Motivationsschub führte. Die eigenen Grenzen und die der Abteilungen wurden konsequent durchbrochen und damit neue Impulse für innovative Ansätze entwickelt. Der Einzelne konnte kreativ sein und fühlte sich sicher im Team seiner Kollegen. Die dominante Einzelführung wurde durch eine Teamführung ersetzt.

Dieser Prozess dauerte ca. zwei Jahre und war natürlich auch mit einem konsequenten Wechsel in der Führung verbunden. Als bisher unerkannte Motivationsbremse kristallisierte sich im Rahmen des Veränderungsprojektes heraus, dass einige Führungskräfte hinsichtlich ihrer Loyalität zum Unternehmen eher zweifelhaft agierten. Einem vordergründigen plakativen „Ja" zu jeder Veränderung folgte in der Umsetzung oft ein kategorisches „Aber nicht mit mir". So wurde dem Inhaber sehr oft ein Willen zur Veränderung vorgegaukelt, aber ohne echtes Commitment und damit Taten. Daher war es nur konsequent, dass ein Großteil der Führungskräfte das Unternehmen verlassen musste, aufgrund ihrer eigenen Unglaubwürdigkeit und fehlenden Umsetzungsstärke in der Vergangenheit.

Das Unternehmen ist jetzt vollständig unter externer Führung und die Familienmitglieder des Firmeninhabers, der leider seine Krankheit nicht überlebte, führen das Unternehmen über den Aufsichtsrat.

Denkanstöße

- Haben Sie den Generationswechsel in Ihrem Unternehmen wirklich konsequent umgesetzt?
- Wie würden Sie die aktuelle Identifikation Ihrer Führungskräfte und Mitarbeiter im Unternehmen beschreiben?
- Wie entstehen in Ihrem Unternehmen Commitments?
- Kennen Sie alle blockierenden Machtpromotoren in Ihrem Unternehmen und wie gehen Sie mit Ihnen um?
- Wie lautet Ihre strategische Identitäts-DNA?

Tipp 19: Konflikte beseitigen, um Innovationen freien Raum zu geben

Wann Sie diesen Tipp anwenden können

▶ … wenn Streitigkeiten zwischen Abteilungen den Innovationsprozess bremsen,
▶ … wenn Führungskräfte nicht miteinander reden,
▶ … wenn zu oft Termine verschoben werden müssen,
▶ … wenn Schuldzuweisungen in der Organisation dominieren.

Situationsbeschreibung am Beispiel

Ein gutes Projektbeispiel aus der jüngsten Vergangenheit ist hierfür ein Unternehmen der Verpackungsindustrie. Es handelt sich dabei um ein mittelständisches Unternehmen, das im internationalen Wettbewerb sehr erfolgreich positioniert ist. Mit ca. 1450 Mitarbeitern weltweit lebt es von hoher Kunden- und Dienstleistungsnähe im Rahmen seines Produktspektrums. Dennoch entwickelte sich durch rückläufige Umsätze und nur schleppende Veränderungen im Unternehmen eine nicht ungefährliche Situation für das Unternehmen. Marktanteile gingen langsam aber konsequent weltweit zurück und die Reaktionsgeschwindigkeit auf diese Situation war im Unternehmen zu langsam. Dabei waren einige Unternehmensbereiche sehr stark involviert, was diese Blockaden anbelangt. Die Rede ist von den Bereichen Forschung und Entwicklung sowie Produktion. Diese beiden Bereiche waren sich ständig uneinig über die Notwendigkeit sowie Art und Weise von Veränderungen in den Prozessen und der Organisation. Eine hohe Konfliktlast zwischen den beiden Abteilungsleitern war nur ein Aspekt dieser Uneinigkeit. Das Prinzip der Kümmererfunktion sorgte noch zusätzlich für Spannungen zwischen diesen Bereichen. Dadurch, dass einige Prozesse und Aufgaben im Innovationsprozess nicht zeitnah umgesetzt wurden, sollte die neue Position des Innovationsmanagers diese Prozesse beschleunigen. Diese Kümmererfunktion sorgte jedoch für noch mehr Konflikte zwischen den Bereichen und konnte nur bedingt zur Entspannung beitragen.

Die sehr ausgeprägten Abteilungsegoismen, die über Jahre hinweg gepflegt worden waren, hatten zu vielen Konfliktfallen geführt, die jetzt unüberwindbar schienen. Das Unternehmen war voll von ungelösten Konflikten zwischen Menschen und Abteilungen, die teilweise zu echten „Kriegserklärungen" wurden. Sobald Menschen die Seiten wechselten oder einer anderen Abteilung Recht gaben, wurde kritisiert und ausgegrenzt. Ein falsches Verständnis von Loyalität prägte den Berufsalltag. Konnten die Führungskräfte dies nicht ändern? Rein faktisch ja, aber die Führungskräfte waren dabei oft selbst die Treiber dieser Denkweise. Die Geschäftsführung bekam davon jedoch nur wenig mit, denn die Politik aller Beteiligten war, nichts nach oben preiszugeben.

Diese konfliktträchtige Kultur führte dann zu massiven wirtschaftlichen Auswirkungen:

■ Die Innovationskraft des Unternehmens sank rapide ab.

■ Die Marktanteile im internationalen Wettbewerb sanken systematisch ab und verursachten extremen Kostendruck.

■ Fachkräfte verließen das Unternehmen, da sie nicht Teil dieser Konfliktkultur werden wollten.

■ Veränderungsprozesse wurden nach oben bejaht und nach unten verhindert, da die Führungskräfte zur „Lähmschicht" wurden.

Letztendlich stellte sich die Frage: Wie konnte es soweit überhaupt kommen und ist ein Ausweg überhaupt möglich?

Problemdiagnose

Im Rahmen vieler Einzelgespräche und Intranet-gestützter Befragungen sowie Beobachtungen stellte sich heraus, dass die Ursache für diese konfliktträchtige Organisation auf einer überholten Fehlerkultur basierte. Die amerikanische Autorin Kathryn Schulz sagte einmal: „Von allen Fehlern, die wir machen, ist unsere Vorstellung von Fehlern wohl unser größter überhaupt, unser Metafehler." Fehler machen zu dürfen ist eine wichtige Voraussetzung für neue kognitive Erkenntnisse und für das Lösen von Konflikten. Wenn das Machen von Fehlern als Schwäche, Unwissenheit oder mangelnde Intelligenz verstanden wird, dann grenzen wir uns voneinander ab und bieten den Nährboden für Konflikte. So auch in unserem Projektbeispiel. Die Fehlerkultur in unserem Beispielunternehmen basierte auf dem Verständnis, dass Fehler nicht erlaubt sind und dass, wer Fehler macht, mit Konsequenzen zu rechnen hat. Entsprechend gering war demnach die Bereitschaft zum Risiko bei Entscheidungen und bei Veränderungen. Sobald ein Fehler auftrat, waren Schuldzuweisungen an der Tagesordnung, Schuldzuweisungen zwischen Abteilungen und Personen. Diese gingen soweit, dass in manchen Fällen andere Bereiche schon vor einem tatsächlichen Fehler angegriffen und als schlecht dargestellt wurden. Es entstanden sogenannte notorische Gewinner. Notorische Gewinner sind Personen oder auch ganze Abteilungen bzw. Teams, deren Hauptaufgabe darin besteht, andere schlecht zu machen, um selbst immer wieder gut dazustehen. Eigenverantwortliches Handeln und Selbstkritik sind notorischen Gewinnern fremd. Dass dieses Verhalten zu ständigen Konflikten führt, ist sicherlich nachvollziehbar. Darüber hinaus zeigte sich aber auch, dass die betroffenen Parteien gerade bei einer schwierigen Entscheidungslage, also wenn die Entscheidung an sich kompliziert oder die Zuständigkeiten unklar waren, nicht positiv streiten konnten.

Als weitere Ursache für dieses Verhalten stellte sich heraus, dass durch die Art und Weise, wie die betroffenen Menschen einander sahen, eine tiefe Kluft zwischen Erwartungen und Wahrnehmungen entstanden war. So z. B. gab es sehr hohe Erwartungen an die Führungskompetenz des Leiters Forschung und Entwicklung – insbesondere aus Sicht des Produktionsleiters. Als promovierter Ingenieur mit Zusatzqualifikationen und 15 Jahren Berufserfahrung projizierte der Produktionsleiter seine Kompetenz auf den Bereich Forschung und Entwicklung. Er erwartete schnelle und intelligente Lösungen von diesem Bereich. Auch die Geschäftsführung lobte die Problemlösungskompetenz des Entwicklungsbereichs. In Wahrheit hingegen konnte der Bereich Forschung und Entwicklung diesem Anspruch nie gerecht werden. Zu schwach waren die Kompetenzen der Mitarbeiter ausgeprägt und zu gering die Mitarbeiterkapazität. Diese Schwäche ließ jedoch der Abteilungsleiter Forschung und Entwicklung nie nach außen treten. Die Folge waren falsche Projektionen und Erwartungen an seine Abteilung. Diese waren jedoch nicht die einzigen Fehleinschätzungen zwischen diesen Bereichen. Auch im Rahmen der Ideenumsetzung und Mitwirkung durch die Produktion erwartete im Gegenzug der Leiter von Forschung und Entwicklung mehr Einsatz und Umsetzungsgeschwindigkeit. Die Enttäuschungen waren groß, als der Prototypenbau immer zu spät lieferte. Klar war, dass in diesem Unternehmen aufgrund fehlender Transparenz und Offenheit ein gegenseitiges Verständnis für die Schwächen des Anderen fehlte und Kritik immer sofort in einem Konflikt endete.

Des Weiteren war der Führungsstil durch Angst auf allen Ebenen gekennzeichnet. Gleichgültig, um welche Aufgabe und Delegation es sich handelte, es wurde sofort eine Drohung oder Moralisierung angehängt, falls das gewünschte Ergebnis nicht eintreten sollte. Diese Art der Führung führt zu einem Verhalten, das Schuldzuweisungen sowie Konflikte in den Vordergrund stellt und damit echte Problemlösungen eher blockiert. Das Wertegerüst in diesem Unternehmen war nicht auf Veränderungen ausgerichtet und daher musste gerade hier schnellstmöglich eine Veränderung erfolgen.

Problemlösung

Über mehrere Stufen hinweg wurden in diesem Beispielunternehmen die Unternehmenswerte und der damit verbundene Transformationsprozess definiert (Abbildung 19.1).

Gerade wenn sich die Umfeldbedingungen, wie in unserem Beispielunternehmen, rapide verändern, ist die Schaffung einer konfliktfreien Identität unablässig. Die sachliche Zusammenführung von Kompetenz und Unternehmensvision sorgen dafür, dass jeder Bereich sich in seiner Kernkompetenz frei entwickeln kann. Diese freie Entwicklung sorgt für Selbstvertrauen und öffnet die Abteilung für Anregungen und Kritik von außen. Darüber hinaus musste jedoch auch auf der obersten Führungsebene eine neue Art von Fehlerkultur verankert werden. Hierfür wurde in diesem Projekt die strategische Identität des Unternehmens mit einem neuen Leitbild gekoppelt (Abbildung 19.1).

Bei bedeutenden Umfeldveränderungen gewinnen Vision und
Kompetenzentwicklung zentrale Bedeutung: Die Identität

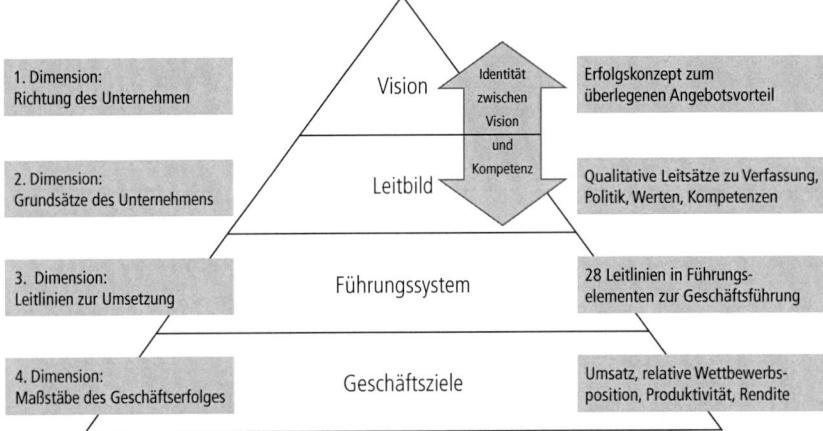

Abb. 19.1 Wertemanagement mit Transformationsansatz. (Quelle: Strategische Identität – Orientierung im Wandel, Wigang F. Große-Oetringhaus, Springer, 1996, S. 35)

Auf Basis dieser ersten Ausarbeitungen wurde ein Transformationsplan in fünf Schritten (Abbildung 19.2) entwickelt, der dann in ein Change-Programm mit Qualifizierungsbausteinen mündete. Auf Basis dieses Change-Programms zur Kulturveränderung wurde auch eine neue Art der Konfliktbewältigung trainiert. Diese Inhalte und neue Spielregeln für Meetings sorgten dafür, dass die Mitarbeiter und Führungskraft mehr Offenheit und Bereitschaft zur Selbstkritik entwickelten. Belohnt wurde dabei Selbstkritik und Schuldzuweisungen gegenüber anderen Personen bestraft.

1. **Klärung der Unternehmensziele auf Basis des Zielsystems**

   Klären: Konsistenten – Widersprüche, Lücken – Probleme im Zielsystem
   Ergebnis: Prioritäten der Transformation

2. **Festlegen der Promotoren**

   Klären: Schlüsselpersonen, Machtkoalition, Konsens im Führungskreis
   Ergebnis: Transformationswille, Durchsetzungskraft

3. **Grobentwurf des zukünftigen Führungssystems**

   Entwerfen: Gliederung der Elemente, Formulierung der Ziele und Zielsätze je
                  Element, Bestimmung des Gesamtzusammenhangs
   Ergebnis: Ganzheitlichkeit der Transformation

4. **Grobentwurf des Transformationssystems**

   Entwerfen: Ursachen und Treiber der Transformation, Veränderungsleitlinien,
                  Transformationsprozess (Stufen und organisatorische Ebenen)
   Bestimmen: Transformationsziele
   Prüfen: Dringlichkeitsbewusstsein, Konsens über Prioritäten, Ursachen und
                  Treiber der Transformation
   Ergebnis: Konsens über den gesamten Transformationsplan

5. **Mobilisierung des gesamten Unternehmens**

   Realisieren: Workshops mit der Unternehmensleitung, Reden, Überzeugen
   Aufstellen: Lenkungskreis mit Promotoren, Kernteams mit Linienchefs,
                  Arbeitsteams mit Professionellen (Gliederung nach Elementen,
                  Prozessschritten oder Transformationsaufgaben), Benennung von
                  Multiplikatoren für die spätere Umsetzung in den Geschäften
   Ergebnis: Leistungsfähige und zusammenhängende Teamstruktur zur
                  Erarbeitung der weiteren Stufen

Abb. 19.2 Transformationsplan in fünf Schritten. (Quelle: Strategische Identität – Orientierung im Wandel, Wigang F. Große-Oetringhaus, Springer, 1996, S. 74)

Ein interner Konfliktradar als eine Art Screening-Instrument sorgte des Weiteren dafür, dass die Konfliktfähigkeit der Bereiche regelmäßig öffentlich gemessen und erkennbar wurde. Die Beschleunigung des Innovationsprozesses ließ dann auch nicht lange auf sich warten. Sehr schnell erkannten alle Betroffenen, dass durch ihre Verhaltensänderung ein positiveres Betriebsklima geschaffen wurde, was den Berufsalltag für jeden einfacher machte. Die Lösung der anstehenden Herausforderungen rückte wieder in den Vordergrund und ein beschleunigtes Innovationsmanagement konnte eingeführt werden. Die Kümmererfunktion des Innovationsmanagers wurde dadurch überflüssig und wieder abgeschafft. Vorhandene Blockaden lösten sich auf und mehr Ehrlichkeit in Diskussionen sorgte für ein größeres gegenseitiges Verständnis – das „Wir" ersetzte das „Ich".

Denkanstöße

- Benötigen Sie auch Kümmerer in Ihrer Organisation und falls ja, wo und warum?
- Kennen Sie die wahren Konfliktherde in Ihrer Organisation?
- Haben Sie Spielregeln zur Konfliktvermeidung in Ihrem Unternehmen formuliert?
- Wird bei Ihnen in Meetings positiv gestritten oder dominieren einige Personen das Geschehen?
- Diskutieren Sie doch einmal mit Ihren Führungskräften über die Bedeutung von Konflikten in Innovationsprozessen und machen Sie eine Pro-/Contra-Liste!

Tipp 20: Performance Improvement Agents als Innovationstreiber etablieren

Wann Sie diesen Tipp anwenden können

▶ … wenn die Umsetzung von Innovationen und Veränderungen oft versanden,

▶ … wenn zu viele Schnittstellen in Ihrer Organisation das Geschehen dominieren,

▶ … wenn der Kommunikationsfluss bei Innovationprojekten von innen (intern) nach außen (Markt) besonders schwerfällt,

▶ … wenn Führungskräfte zeitweise eine Umsetzungsunterstützung in ihren Abteilungen benötigen.

Situationsbeschreibung am Beispiel

Als Beispiel dient für diesen Tipp ein Hersteller von Turbinen mit internationaler Ausrichtung. Als Großkonzern mit hoher Marktdurchdringung und einem exzellenten Markennamen ist er ein gefragter Entwicklungspartner für neue Technologieansätze und Innovationen im Bereich Energiegewinnung. Seine Zielgruppe sind dabei die Anlagenbauer im Energiemarkt. Um seinem exzellenten

Ruf auch langfristig gerecht zu werden, erkannte das Unternehmen
frühzeitig, dass es seine Umsetzungsgeschwindigkeit von Innovationsprozessen und Veränderungen beschleunigen muss. Zu oft
stockte in kundenspezifischen Projekten der Innovationsprozess.
Dies führte dann zum Stillstand beim Bau der Energieversorgungs-
anlage. Die damit verbundenen Konventionalstrafen waren be-
trächtlich und zehrten auf Dauer an der Substanz des Unternehmens. Die internen Verzögerungen basierten dabei auf einer zu
geringen Kommunikations- und Abstimmungsdichte bei Kundenprojekten. Darüber hinaus fehlte es an Manpower bei der Umsetzung von Konzepten, Strategien und Veränderungen. Es bedurfte
einer Lösung, um eine schnellere und gezieltere Umsetzung von
Prozessen zu gewährleisten und die Prozessgeschwindigkeit signifikant zu erhöhen. Dieser Zwang zur Beschleunigung verdankte
sich der Tatsache, dass ausländische Wettbewerber, die eine größere Nähe zu den asiatischen Märkten aufwiesen, einen wachsenden Wettbewerbsdruck auf unser Beispielunternehmen ausübten.
Hinzu kam, dass ein Reformstau in unserem Beispiel dazu führte,
dass Prozesse überaltert und die Aufbauorganisation nicht mehr
dem Innovationsstandard entsprachen, der heute in diesem Markt
gefordert wird. Damit war ein Organisationsentwicklungspro-
gramm zwingend notwendig geworden. Als Orientierung für die
Neuausrichtung diente ein aktuelles Strategiepapier der Konzern-
spitze, das die notwendigen Veränderungen sehr genau beschrieb.

Problemdiagnose

In diesem Strategiepapier war insbesondere die Bedeutung innovativer Marktlösungen im Rahmen einer innovativen Marktführer-
schaft hervorgehoben worden. Daraus ergaben sich nachfolgende
Anforderungen:

- Veränderungsprozesse müssen sehr schnell und mit hoher Umsetzungsprofessionalität realisiert werden.
- Die Innovationsstandards sind weltweit zu etablieren.
- Eine besonders offene und erfolgsorientierte Innovationskultur ist weltweit einzuführen und zu trainieren.
- Die Bereitschaft zur Neuausrichtung ist auf allen Führungsebenen sicherzustellen.

Damit stand das Unternehmen vor einer sehr großen Herausforderung. Nur wenn es gelingen würde, alle 350 Führungskräfte zeitnah und nachhaltig für die Veränderung zu begeistern, wäre eine strategiegerechte Veränderung möglich. Um diesen Kraftakt zu bewältigen, mussten neue Change-Konzepte entwickelt werden, Konzepte, bei denen die schnelle Umsetzung im Fokus stand und eine fast synchrone Umsetzung in allen Regionen der Welt möglich wurde.

Solche Konzepte waren dem Unternehmen jedoch fremd. Immer noch galt im Unternehmen die Devise, dass die Führungskräfte selbst diesen Wandel steuern sollten. Bei genauer Betrachtung und Analyse der Situation aller Führungskräfte zeigte sich jedoch, dass hier eine extreme Fehleinschätzung vorlag. Zum einen waren viele Führungskräfte durch Einbindung in operative Kundenprojekte zeitlich so stark belastet, dass hier kaum Zeit für eine zusätzliche Change-Aufgabe bereitgestellt werden konnte. Zum anderen fehlte den Führungskräften das methodische Rüstzeug, um Veränderungen auch gezielt zu managen und Innovationsprozesse zu beschleunigen. Eine besondere Qualifikation der Führungskräfte scheiterte dabei schon einmal am obengenannten Zeitmangel. Darüber hinaus zeigte sich, dass viele Change-Projekte im Unternehmen versandeten, weil zu wenig nachgefasst und kontrolliert wurde. Auch dieser Umstand war der Tatsache geschuldet, dass die Führungskräfte sehr stark operativ eingebunden waren.

Problemlösung

Basierend auf dieser Diagnose wurde der Ansatz der Operational Excellence entwickelt, ein Ansatz, der darauf basiert, dass es intern eine Abteilung gibt, die sich ausschließlich um die Umsetzung von neuen Konzepten und Strategien kümmert – eine Abteilung, die nicht als internes Consulting zu verstehen ist, sondern als Katalysator für die Umsetzung.

Auf der Basis verschiedener Workshops wurde hierfür ein Abteilungskonzept mit entsprechenden Stellenbeschreibungen entwickelt. Nach Beendigung dieser Arbeit zeigte sich aber auch, dass die Abteilung Operational Excellence nur bedingt dem Anspruch auf nachhaltige und schnelle Umsetzung gerecht werden kann. Es bedarf also einer weiteren Organisationseinheit, die genau diesen Schwachpunkt beseitigt und die Performance Improvement Agents oder auch Change Agents genannt wurde. Ihre Aufgabe war es, die notwendige Dynamik und Umsetzungsgeschwindigkeit zu erzeugen. Die Aufgaben der Performance Improvement Agents beinhaltet dabei unter anderem:

- die psychologische und methodische Steuerung von weltweiten Veränderungsprozessen
- die Unterstützung der lokalen Führung bei Innovations- und Entwicklungsprojekten
- die Schaffung von Freiraum für die lokalen Einheiten durch die Übernahme von betreuenden Aufgaben vor Ort
- die Unterstützung der Zentralbereiche bei der Einführung neuer Richtlinien und Systeme
- die Einführung und Etablierung moderner Prozesse und Dienstleistungsinnovationen

- die aktive Beseitigung von Widerständen und Konflikten in Veränderungsprozessen, um einen reibungsfreien Prozessablauf zu gewährleisten

Für die Auswahl der richtigen Teilnehmer wurde ein spezieller Analysebogen entwickelt, der nachfolgende Aspekte erfragt (Auszug):

- Welche Persönlichkeit liegt bei dem Bewerber für den Change Agent vor und wird er den gewünschten Anforderungen gerecht?
- Wie gut ist sein methodisches Wissen und die Fähigkeit, Veränderung bei Menschen richtig zu steuern?
- Was zeichnet seine Kommunikationsfähigkeit aus?
- Welche fachlichen Voraussetzungen bringt der Bewerber für diese Position mit und reichen diese aus?

Auf Basis dieser Analyseelemente fand eine entsprechende Auswahl von acht Teilnehmern statt, die alle aus internen Abteilungen stammten. Diese Teilnehmer durchliefen dann ein zertifiziertes Ausbildungsprogramm (Abbildung 20.1).

Dieses Konzept der Performance Improvement Agents führt in unserem Beispielunternehmen zu einer starken Beschleunigung des Innovationsprozesses und sorgte für eine nachhaltige und anhaltende Umsetzung von Veränderungen in allen Unternehmensstandorten sowie Unternehmensbereichen. Widerstände gegenüber Veränderungen, Konzepten oder neuen strategischen Ansätzen wurden rechtzeitig erkannt und ausgeräumt. Die Flop-Rate von Innovationsprozessen sank unter drei Prozent, was einen Spitzenwert für unser Unternehmen darstellte. Gerade die wirtschaftspsychologische Kompetenz der Agents wurde hierbei als besonders hilfreich angesehen.

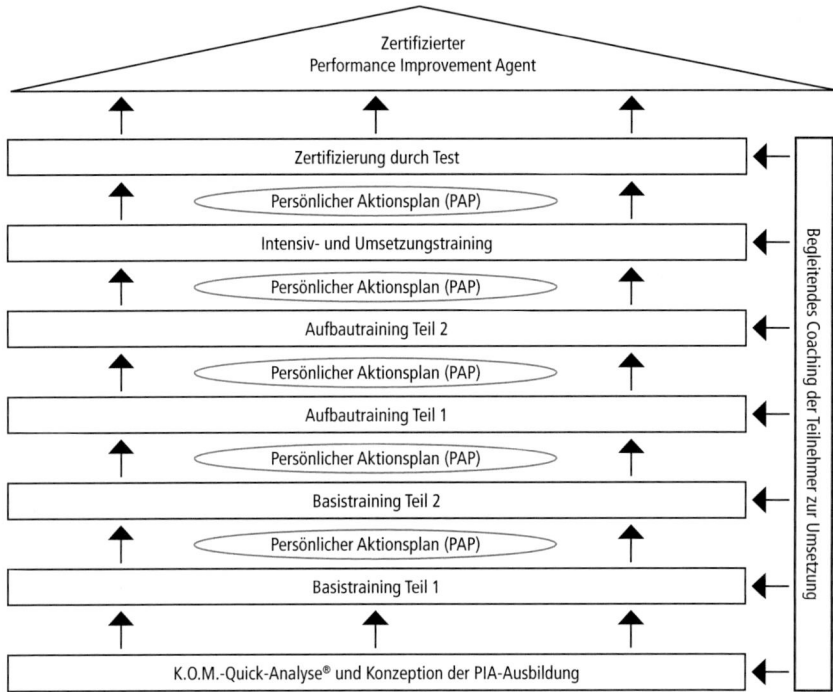

Abb. 20.1 PIA-Ausbildung. (Quelle: K.O.M. GmbH)

Für die Einführung dieses Konzeptes war es jedoch wichtig, dass nachfolgende Punkte unbedingt realisiert werden:

1.   Ein Bewusstsein für die Notwendigkeit schaffen

Nur wenn alle Führungskräfte aufgrund ihrer eigenen Arbeitssituation erkennen, dass die Unterstützung von Innovations- und Change-Projekten durch die Performance Improvement Agents zum eigenen Vorteil ist, werden die Change Agents akzeptiert und auch aktiv angefordert.

2. Keine Einmischung durch die Perfomance Improvement Agents sicherstellen

Die Change Agents sind nur Dienstleister, die eine Unterstützung zur Steigerung der Innovationsgeschwindigkeit anbieten. Inhaltlich dürfen sie sich nicht einmischen – sie sind neutrale Helfer zur Selbsthilfe. Organisatorisch wurden die Change Agents deshalb in unserem Projektbeispiel direkt der Geschäftsführung zugeordnet. Dies erhöhte die Glaubwürdigkeit und unterstützte die Umsetzungskraft vor Ort.

3. Bestehende Tools/Methoden in die Arbeitsweise der Performance Improvement Agents integrieren

In diesem Unternehmen waren schon sehr oft Tools für ein beschleunigtes Innovationsmanagement eingeführt worden. Damit es nicht zu unnötigen Methodendiskussionen kommt, sollten über eine offene Bestandsaufnahme alle vorhandenen Tools und Methoden erfasst werden und in die Arbeitsweise der Change Agents integriert werden. Dabei musste sichergestellt werden, dass alle angewendeten Methoden dem definieren Qualitätsanspruch des Unternehmens gerecht werden.

4. Eine ständige Kontrolle der Wirksamkeit und des Einsatzes der Performance Improvement Agents ausüben

Durch eine wiederkehrende Abfrage bei dem Nutzer der Performance Improvement Agents sollte eine regelmäßig Qualitätsüberwachung und -steigerung sichergestellt werden. Dabei können die Change Agents auch an der Gestaltung neuer Prozesse und Anregungen im Unternehmen mitwirken. Denn aufgrund ihres Wissens über die Hürden von Veränderungen in der Organisation sind sie zu gefragten Ratgebern für fast alle Abteilungen geworden.

Denkanstöße

- Versanden bei Ihnen oft Projekte oder Veränderungsansätze?
- Klagen Ihre Führungskräfte über Zeitmangel, um Veränderungen in der Organisation umzusetzen?
- Erreichen Sie mit Ihren Konzepten und Botschaften wirklich alle Mitarbeiter?
- Was bremst zurzeit die Umsetzungsgeschwindigkeit von Innovationen in Ihrem Unternehmen besonders?
- Wie beurteilen Sie die Bereitschaft zur Veränderung in Ihrem Unternehmen und wo würden Sie sich mehr wünschen?

Tipp 21: Innovationsmanager – ja oder nein?

Wann Sie diesen Tipp anwenden können

▶ ... wenn Sie vor der Entscheidung stehen, eine Abteilung Innovationsmanagement aufzubauen,

▶ ... wenn Ihre Innovationsprojekte erfolglos sind,

▶ ... wenn Sie noch kein systematisches Innovationsmanagement im Unternehmen etabliert haben,

▶ ... wenn Ideen für Produkt- und Dienstleistungsinnovationen unsystematisch entstehen.

Situationsbeschreibung am Beispiel

Als konkretes Beispiel soll für diesen Tipp ein Unternehmen aus der Baubranche dienen. Mit seinen weltweit platzierten Produkten ist es als Markenartikler in der gesamten Branche bekannt. Mit seinen 2780 Mitarbeitern bedient es weltweit Baustellen mit Verbindungsteilen und Isolierungen für das gesamte Haus. Da es sich bei den Produkten um Commodities handelt, also leicht austauschbare Produkte, geriet das Unternehmen durch asiatische und indische Wettbewerber immer mehr unter Druck. Daher war es zwingend notwendig, dass das Unternehmen seine Innovationskraft drastisch steigert. Gerade der steigende Preisdruck bei rückläufiger Auslastung der Produktionsanlagen sorgte für ein Umdenken in der Sortimentspolitik. Dies wurde jedoch dadurch erschwert, dass die Organisationsstruktur des Unternehmens in Form einer Matrixorganisation sehr schwerfällig und veränderungsresistent war. Die Veränderung aus eigener Kraft erschien dem Unternehmen unmöglich. Die Führungsmannschaft entschloss sich, ein professionelles Innovationsmanagement aufzubauen und organisatorisch fest zu verankern. Hiervon versprach man sich eine erhöhte Veränderungsdynamik und Konzentrierung der Energie auf die Steigerung der Wettbewerbsfähigkeit. Die Kunden des Unternehmens, sowohl die Händler als auch die Handwerker, würden dies sicherlich honorieren, so die Idee des Managements. Leider zeigte sich im Verlauf der Umsetzung ein anderes Bild, was dem Erfolg aber keinen Abbruch tat.

Problemdiagnose

Im Rahmen einer detaillierten Prozess- und Strukturanalyse zeigte sich, dass ein professionelles Innovationsmanagement in der Tat sinnvoll wäre. So waren viele Innovationsmethoden zwar z. B. im Produktmanagement im täglichen Gebrauch, aber nicht standardisiert und allen Mitarbeiter zugänglich. Damit war eine vernetzte und übergreifende Problemlösung durch verschiedene Abteilungen nur punktuell möglich. Die entstanden Innovationen wurden eher zufällig statt systematisch entwickelt und kontinuierlich ausgebaut. Darüber hinaus fehlte es an einer intensiven Nachverfolgung durch die Organisation, wenn die Innovationen einmal im Unternehmen gestartet waren. Viele gute Ideen blieben auf diese Art und Weise auf der Strecke. Die Systematik und konsequente, hartnäckige Umsetzung bedurfte eines Steuerungselementes und die gesamten Prozesse mussten besser koordiniert werden.

Aber auch in den Märkten zeigten sich dramatische Probleme. So wünschten sich zwar viele Händler mehr Innovationen, aber dafür auch weniger Produkte. Da die Produkte unseres Beispielunternehmens nur geringe Margen abwarfen, waren die Händler nicht unbedingt glücklich darüber, sehr viele Varianten und Komponenten an Lager zu halten. Somit war zu erkennen, dass es sich nicht allein nur um die Steigerung der Innovationskraft handelte, sondern auch um eine grundsätzliche Reform des Sortiments. Auf der Basis einer intern ermittelten Innovationscard als eine Art Bilanz der Innovationsfähigkeit des Unternehmens und einer externen Marktcard mit Nutzenkurvenanalyse ließen sich sehr schnell nachfolgende Handlungsfelder diagnostizieren:

- Fehlende Innovationsstrategie und Innovationskonzepte führten zu einem improvisierten und teilweise planlosen Vorgehen bei der Produktentwicklung.
- Die verschiedenen Prozesse waren nicht abteilungsübergreifend synchronisiert.
- Extremes Bereichsdenken blockierte Innovationen.
- Ein systematisches Ideenmanagement war nicht etabliert.
- Der Markt legte großen Wert auf echte Innovationen und nicht auf Diversifikation.
- Die Zusammenführung von Einzelprodukten zu innovativen Komponenten war eine spezielle Anforderung des weltweiten Marktes.

Auf Basis dieser Analyse wurden noch weitere individuelle Kurzanalysen durchgeführt, die insbesondere den Umgang mit Wissen im Unternehmen beleuchteten. Hierbei wurde festgestellt, dass das Unternehmen auf einem sehr breiten und detaillierten Expertenwissen aufbauen kann. Dieses Wissen war jedoch zum großen Teil dezentral gespeichert und wenig prozessorientiert im Unternehmen verankert. Damit waren Wissensbausteine in den Prozessen nicht kompatibel und führten oft zu unnötigen Fachdiskussionen. Die Zuordnung des Wissens zu entsprechenden Kernprozessen und die Zentralisierung des Zugriffes erwiesen sich hierbei als eine Kernaufgabe im Change-Projekt.

Problemlösung

Zu Beginn der Umsetzungsphase wurde gemeinsam mit einem ausgewählten Team der Innovationsprozess als Sollprozess definiert. Dies basierte insbesondere auf der Tatsache, dass es bis dato keinen einheitlichen Prozess im Unternehmen gab. Eine Solldefinition war daher für alle Beteiligten relativ einfach. Dabei wurde die gesamte Leistungserstellungskette von der Idee bis zum marktreifen Produkt ausgearbeitet und mit Wissensbausteinen pro zentralem Prozessschritt kombiniert. So wurde neben dem Innovationsprozess auch ein prozessorientiertes Wissensmanagement eingeführt. Bei dieser Ausarbeitung zeigte sich jedoch auch, dass nicht der Prozess allein das Kernproblem war, sondern insbesondere die Schnittstellen zwischen Vertrieb – Produktmarketing, Technik – Produktmarketing sowie Produktmarketing – Produktion einer detaillierten Beschreibung bedürfen. Der Kommunikationsfluss zwischen den Schnittstellen war durch ein hohes Maß an Unsachlichkeit, fehlender Fachkompetenz und Ungenauigkeit geprägt. Dieser Umstand sorgte dann auch immer für unterschiedliche Ansätze und Lösungen der zu bewältigenden Innovationsprobleme. Hierbei wurden über eine detaillierte Kompetenzmatrix (Abbildung 16.2) und eine intensive Schnittstellenanalyse die sowohl psychologischen als auch prozessualen Schwachstellen beseitigt.

Methode Problemstellung	Kreativitätstechnik	Prozessoptimierung	Strategieentwicklung	usw.
Strategieorientierte Innovationsprozesse definieren	-,-	Speednovation®	Speednovation®	…
Neue Produktideen-entwicklung	365-Methode	-,-	-,-	…
Schnittstellen-optimierung	Was? – Wie?	K.O.M.-Opti-A®	-,-	…
usw.	…	…	…	

Abb. 21.1 Methodenmatrix – Welche Methoden/Tools für welche Aufgabenstellung nutzen? (Quelle: K.O.M. GmbH)

Um die ermittelten Methoden zusammenzufassen, wurde eine Methodenmatrix (Abbildung 21.1) eingeführt, die sehr schnell die vorhandenen Methoden und deren Einsatzgebiete aufzeigte.

Die größte Herausforderung war jedoch, die Veränderung und damit die Einführung des Innovationsmanagements auch nachhaltig sicherzustellen. Hierfür wurde in einigen Diskussionsrunden über das Für und Wider eines Innovationsmanagers gesprochen. Dabei haben sich nachfolgende Pro und Contras in unserem Beispielunternehmen aufgezeigt:

Pros für den Einsatz eines Innovationsmanagers (Auszug):

■ Zentrale Sammel-, Steuer- und Organisationsstelle für Fragen zum Innovationsmanagement
■ Aktiver Promotor und Begleiter im Implementierungsprozess
■ Sicherstellung der notwendigen Prozessqualität und Prozesssicherheit im Innovationsmanagement
■ Zentraler Ansprechpartner für Hintergrundfragen und Details bei der Umsetzung
■ Geschulter Moderator für Prozessimplementierungen und Prozessanpassungen
■ Multiprojektmanager für die Koordination aller Innovationsprojekte weltweit

Contras gegen den Einsatz eines Innovationsmanager: (Auszug)

- Es entwickelt sich ein falsches Verständnis von Innovationsmanagement, nämlich als eine Aufgabe des Innovationsmanagers und nicht wie üblich als Aufgabe aller im Unternehmen.
- Zu starke Dominanz des Innovationsmanagers in den Prozessen und Projekten.
- Die besonderen Fähigkeiten des Innovationsmanagers sind schwer im Markt zu finden.
- Ablehnung dieser Zentralfunktion durch die Fachbereiche aufgrund der Befürchtung, an Einfluss und Macht zu verlieren.

Das Unternehmen hat sich dann in letzter Instanz für den Einsatz eines Innovationsmanagers entschieden, da man davon überzeugt war, dass die Vorteile die möglichen Nachteile übertreffen würden. Um eine professionelle Besetzung sicherzustellen, wurde ein detailliertes Anforderungsprofil (Abbildung 4.1a–b) erstellt und ein Suchauftrag gestartet. Erstaunlich schnell fand sich dann auch der richtige Bewerber und die Arbeit konnte beginnen. Hierbei wurden als Erstes alle Prozesse hinsichtlich ihrer Solldefinition nochmals überprüft und systematisch und kontinuierlich über eine Workshop-Reihe eingeführt. Des Weiteren wurden alle Entscheidungsprozesse unter Berücksichtigung des Innovationsmanagers in einer Kompetenzmatrix dargestellt und umgesetzt. Entsprechende organisatorische Anpassungen zur Schnittstellenoptimierung wurden den jeweiligen Fachbereichen in Eigenregie überlassen. Das Ergebnis stellte sich schnell ein. Innerhalb von sechs Monaten wurde eine echte Marktinnovation entwickelt und zur Marktreife geführt. Die Kunden nahmen diese Neuentwicklung mit Begeisterung auf. Darauf aufbauend folgte noch eine Vielzahl weiterer Innovationen, die dem Unternehmen eine positive Entwicklung ermöglichten. Heute besteht die Innovationsabteilung aus drei Mitarbeitern und genießt eine hohe Akzeptanz in der Organisation und beim Kunden.

Denkanstöße

- Kennen Sie Ihre zentralen Innovationsprozesse im Detail?
- Welche Pro und Contras haben Sie hinsichtlich eines Innovationsmanagers in Ihrem Unternehmen?
- Haben Sie Ihre Methoden im Unternehmen gebündelt für alle griffbereit verfügbar?
- Welche Schnittstellen sind im Innovationsprozess besonders kritisch und warum?
- Sind die Entscheidungskompetenzen in Innovationsprojekten in Ihrem Unternehmen klar und eindeutig geregelt?

Tipp 22: Irrtümer und Psychofallen bei Innovationen beseitigen

Wann Sie diesen Tipp anwenden können

▶ ... wenn Sie glauben, dass Sie und/oder Ihr Unternehmen nicht kreativ sein kann,

▶ ... wenn es oft zu lange dauert, bis neue Problemlösungen entwickelt werden,

▶ ... wenn Sie mehr innovative Produkte und Dienstleistungen brauchen,

▶ ... wenn Sie mehr psychologische Aspekte in Ihrem Innovationsmanagement berücksichtigen wollen.

Situationsbeschreibung am Beispiel

Ein sehr gutes Beispiel ist hierfür ein sehr traditionelles Unternehmen mit einer langen Geschichte und bekannten Markennamen aus der Uhrenindustrie – ein Unternehmen, das seit Jahren seine Produkte erfolgreich auf den Weltmärkten vertreibt und sich als Premiumanbieter etabliert hat. Dies ist unserem Beispielunternehmen nur durch den beharrlichen Aufbau eines Innovationsmanagements und der konsequenten Beseitigung von Irrtümern und psychologischen Fallen bei der Umsetzung eines professionellen Innovationsmanagements gelungen. Da das Unternehmen schon seit Jahren diesen Weg sehr erfolgreich beschreitet, ist ein Blick in die Vergangenheit notwendig, um den Leidensdruck zur Veränderung zu verstehen, ein Leidensdruck, der vor allem durch sehr häufigen Besitzerwechsel entstand. Zuerst in Privatbesitz wurde dann das Unternehmen von einem Investor zum nächsten weitergereicht, bis es in einem Konzern als Spezialanbieter landete. Jede Verkaufsstufe sorgte dabei bei den Mitarbeitern für neue Ängste, Orientierungslosigkeit und Unsicherheit. Bei Projektstart war dies eindeutig spürbar und es wurde sofort offenkundig, dass es sich hier nicht um eine Organisations- oder Prozessrestrukturierung handelt, sondern eine psychologische Betreuung zur Beseitigung typischer Psychofallen im Innovationsmanagement notwendig war.

Problemdiagnose

Diese Psychofallen wurden im Rahmen einer detaillierten Analyse der Background Personality und der individuellen Situation einzelner Promotoren detailliert lokalisiert und die dabei auftretenden Irrtümer beseitigt:

1. Irrtum: Es gibt nichts Neues

Dieser Irrtum war in unserem Beispielunternehmen weit verbreitet. Die Traditionen des Unternehmens und das Produkt Uhr an sich erschwerte den Gedanken an einen innovativen Ansatz für etwas

Neues. Dieses Phänomen findet sich in vielen traditionsreichen Unternehmen wieder. Nicht zuletzt ist dies auch der Grund, warum ein Start-up-Unternehmen dem Establishment oftmals empfindlichen Schaden zufügen kann. Diese jungen Unternehmen denken freier und offener. Für sie gibt es nur das Neue und nicht die alte Tradition. Tradition ist wichtig, aber auch gefährlich, nämlich dann, wenn die Tradition zur Behinderung wird für das Neue. So war es auch in unserem Beispiel. Der beharrliche Irrtum, es gäbe nichts Neues, konnte nur sehr langsam und durch konkrete Beweise beseitigt werden.

2. Irrtum: Kreativität ist eine gute Idee zu haben

Leider ist dieser Irrtum nicht nur in der Wirtschaft verbreitet, sondern auch in der Politik. Unser Beispielunternehmen hatte eine Vielzahl von Ideen, die insbesondere aus dem kontinuierlichen Verbesserungsprozess stammten, aber kreativ war es deswegen noch lange nicht. Denn zur Kreativität gehört neben einer guten Idee auch die Fähigkeit, Ideen kreativ umzusetzen und vor allem nutzenorientiert bei den Zielgruppen zu platzieren. Was nützt mir die beste Produktidee, wenn sie für den Kunden keinen Mehrwert darstellt? Dieser Mehrwert macht Produkte wie das iPad zum Verkaufsschlager: endlich eine einfache Bedienung und einfache Handhabung – IT für jeden. Nicht die technologische Idee hinter dem iPad war entscheidend, sondern der Bedienungskomfort war der Ausgangspunkt für die echte Innovation.

3. Irrtum: Kreativität setzt Fachwissen voraus

Natürlich benötige ich für ganz spezielle Problemlösungen auch das notwendige Fachwissen. Aber oft entstehen die großartigen

Ideen dort in der Organisation, wo das eigentliche Fachwissen nicht vorhanden ist. So z. B. die Optimierung eines Produktes. Sie sollte im Produktmanagement und/oder Forschung und Entwicklungsabteilung erfolgen. Oft aber kommen die kreativsten Ideen für eine anwendungsorientierte Produktverbesserung aus der Produktion. Gerade dort entsteht durch die intensive Auseinandersetzung mit der Produktproduktion eine Vielzahl von innovativen Ideen. Leider werden sie zu selten genutzt – so auch in unserem Beispielunternehmen.

4. Irrtum: Kreativität entsteht nur durch die richtige Methode

Zu oft wurde in unserem Beispielunternehmen darauf hingewiesen, dass es eine Vielzahl von Kreativitätstechniken im Unternehmen gibt und damit ausreichend kreatives Potenzial erzeugt wird. Leider war dies nicht der Fall. Die Methoden wurden zu Routinemonstern, die niemand mehr ernst nahm und ernsthaft einsetzte. Die Methoden stumpften an der Realität ab. Es dauerte eine gewisse Zeit, bis alle im Unternehmen begriffen, dass Kreativität vor allem im Querdenken steckt, also eine neue Kombination der bisherigen Erkenntnisse zu innovativen Ansätzen, gepaart mit dem Willen und der Hartnäckigkeit, dadurch neue Erkenntnisse zu gewinnen. Kreativität ist damit zu 80 Prozent harte Arbeit und zu 20 Prozent inspirierende Momente. Natürlich helfen Kreativitätstechniken, um über den Tellerrand zu schauen, aber ohne Querdenkertum und neugierige Hartnäckigkeit verfällt man schnell wieder in alte Schemata.

Neben diesen Irrtümern zeigte die Detailanalyse auch einige Psychofallen, die in unserem Beispielunternehmen ein professionelles Innovationsmanagement bremsten.

Problemlösung

Um diese Psychofallen auch konsequent und nachhaltig zu beseitigen, war es notwendig, die Unternehmung mit psychologischen Erkenntnissen aus der modernen Gehirnforschung zu konfrontieren – ein Prozess, der zu Beginn belächelt wurde, aber später nicht mehr wegzudenken war. Hierbei war die Diskussion über den Typ unseres Unternehmens hinsichtlich seines Innovationsmanagements besonders hilfreich (Abbildung 9.1). Gerade bei der Beschreibung der psychologischen Reife zeigten sich die extremen Psychofallen des Unternehmens.

1. Psychofalle: Phänomen Blackout

Dieses Phänomen kennt jeder von uns. Bei einer Prüfung, einer Diskussion oder einem Kreativprozess unter hohem Zeitdruck erleiden wir einen Blackout. Das scheinbar so selbstverständliche Wissen ist plötzlich weg. Zusammenhänge, die zuvor noch klar waren, sind plötzlich nicht mehr klar und eindeutig. Dieses Phänomen hat die Neurobiologie seit einigen Jahren erforscht und dabei Erstaunliches festgestellt. In extremen Stresssituationen, wie sie sehr oft in Kreativprozessen oder bei Problemlösungen unter Zeitdruck entstehen, gerät unser Gehirn in einen internen Kampf. Zum einen will es sehr schnell die psychische Belastung des Stresses beseitigen, zum anderen muss es aber die Kontrolle für die notwendigen Informationen und Entscheidungen aufrechterhalten – ein Zwiespalt, dem das Gehirn eigenmächtig dadurch entgeht, indem es kurzerhand das Kontrollzentrum im Frontlappen unseres Gehirns (Abbildung 22.1) abschaltet. Ziel unseres Gehirns ist es, dieser Belastung so schnell wie möglich zu entfliehen und die entstandene Spannung zu beseitigen.

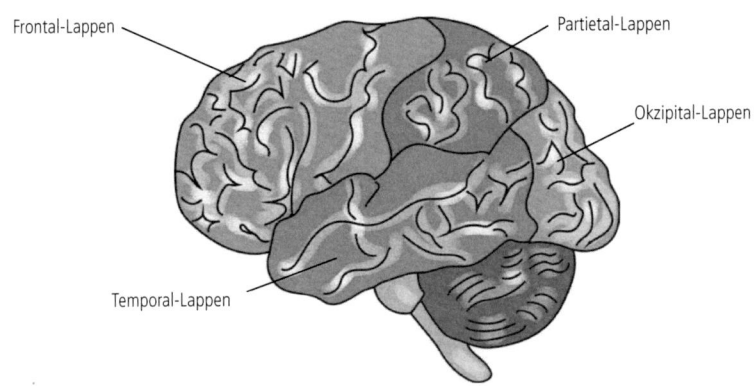

Abb. 22.1   Anatomie unseres Gehirns. (Quelle: K.O.M. GmbH)

Dies kann aber zu einer erhöhten Fehlerquote führen, da wir jetzt nur noch aus unserem intuitiven Verhaltenssystem heraus agieren können. Wir treffen damit Aussagen und Entscheidungen, ohne alle äußeren Umstände zu berücksichtigen, und wirken daher verunsichert, unkontrolliert und wenig leistungsfähig. Um diese Psychofalle zu vermeiden, ist es sehr wichtig, dass eine derartige Stresssituation und übertriebener Zeitdruck in Innovationsprojekten vermieden werden. Es ist intelligenter und gehirngerechter, wenn in den Projekten für ausreichend Zeit und Gelassenheit gesorgt wird. Der Tagesstress und die oftmals übertriebenen Forderungen an die Innovationsteams führen dabei jedoch nicht selten in diese Psychofalle.

2. Psychofalle: Saboteure im Gehirn

Es gibt eine Vielzahl von Saboteuren in unserem Gehirn, d. h. Mechanismen, die uns bei der Umsetzung von Aufgaben ständig in die Quere kommen. Gleichgültig, ob es sich um Aufschieberitis, falschen Durchhaltewillen, Perfektionismus oder Opferbereitschaft handelt, bei allen diesen Saboteuren kommt es zu einer unnötigen zeitlichen Verschiebung unseres Handelns, ein Phänomen, das in der Persönlichkeitspsychologie sehr intensiv erforscht wurde. Man hat entdeckt, dass gerade die Stimmungslage des Einzelnen und die der Gruppe sehr zum Auf- oder Abbau dieser Saboteure beiträgt. Ist z. B. in einer Organisation die Angst vor Fehlern oder Kritik sehr weit verbreitet, dann werden die Aufschieberitis und der Perfektionismus auf den Plan gerufen, was oft viele Vorhaben und Ziele nie zum Ergebnis kommen lässt. Gerade die Psychofalle ist der Grund für nicht eingehaltene Zeitbudgets bei Innovationsprojekten. Entkommen kann man dieser Psychofalle nur, wenn es gelingt, die Ängste im Unternehmen abzubauen und Gelassenheit aufzubauen. Dabei ist das Stimmungsmanagement durch die Führungskräfte ein wesentlicher Erfolgsfaktor. Sie müssen erkennen, in welcher Stimmungssituation sich die Mitarbeiter befinden und wie sie diese gezielt beeinflussen können (vgl. Neun 2011, S. 128 ff.).

3. Psychofalle: Erfolge nicht genießen

Ein wesentlicher Aspekt eines kreativen Umfelds und Arbeitsklimas ist die Fähigkeit eines jeden Einzelnen, sich selbst zu regulieren. Selbstregulation bedeutet in der Psychologie die Fähigkeit, sich selbst zu beruhigen oder zu motivieren, je nach Situation. Diese uns in die Wiege gelegte Fähigkeit wird jedoch sehr stark durch externe Faktoren beeinflusst. Haben Sie sich nicht auch schon einmal gefragt, warum sich Fußballer nach einem Tor immer in die Arme fallen oder wir uns bei Erfolgen so entspannt fühlen? Diese und noch weitere Verhaltensweisen sind die Folge eines Ausstoßes von Glückshormonen, die unserem Organismus signalisieren: Jetzt kannst du dich entspannen! Denn nicht selten ging dem Erfolg eine sehr anstrengende und kräfteraubende Phase voraus. Da unser Gehirn darauf programmiert ist, den Energieverbrauch immer so gering wie möglich zu halten, signalisieren Erfolge immer, sofort auf den Sparmodus umzuschalten. Erfolge entspannen uns, lassen uns gelassen werden und bauen neue Kräfte auf. Das Problem dabei ist jedoch, wenn man Erfolge nicht genießen kann oder gar darf. Zu oft werden in den Unternehmen erfolgreiche Projekte als selbstverständlich und eine Feier aus diesem Anlass als übertrieben angesehen wird. Für unsere Selbstregulation wäre dies jedoch ein wichtiger Beitrag, um neue Kräfte zu sammeln. Nicht umsonst sind Fußballer nach einem Tor oft noch motivierter und verfügen über noch mehr Energie als zuvor.

Diese drei Psychofallen, die nur einen kleinen Auszug darstellen, waren die Kernbarrieren in unserem Beispielunternehmen. Durch Abschaffung der Irrtümer und bewusste Auseinandersetzung mit diesen Psychofallen gelang es dem Unternehmen, seine Innovationskraft drastisch zu steigern und in Umsatzerfolge umzusetzen.

Denkanstöße

- Welche Psychofallen oder Irrtümer haben Sie schon in Ihrem Unternehmen entdeckt?
- Haben Sie schon einmal eine Kreativitätsmap entwickelt, um die Kreativpotenziale in Ihrem Unternehmen zu lokalisieren?
- Haben Sie schon einmal mit Ihren Führungskräfte über Kreativität in der Problemlösung diskutiert und, wenn ja, mit welchem Ergebnis?
- Wie gut setzen Sie Ihre Ideen im Unternehmen um?
- Welcher Typ von Unternehmen glauben Sie zu sein, wenn es um Innovationsmanagement geht?

Quelle

Neun, Winfried: Warum es uns so schwerfällt, das Richtige zu tun. Die Psychologie der Entscheidungen, Göttingen: BusinessVillage 2011

Tipp 23: Ein professionelles Ideenmanagement einführen

Wann Sie diesen Tipp anwenden können

▶ ... wenn es zu viele Ideen, aber wenig Innovationen in Ihrem Unternehmen gibt,

▶ ... wenn die Ideen nicht systematisch bearbeitet und umgesetzt werden,

▶ .... wenn Ideenmanagement nur von einigen wenigen praktiziert wird,

▶ ... wenn Ideen falsch bewertet werden und dadurch Projekte zu früh abgebrochen werden.

Situationsbeschreibung am Beispiel

Bei dem Beispielunternehmen dieses Tipps handelt es sich um ein Maschinenbauunternehmen mit internationaler Ausrichtung. Als Zulieferer für verschiedene Branchen war es stets mit ausgeprägter Produktqualität, hoher Liefertreue und zertifizierten Prozessen ein anerkannter Anbieter in seiner Branche. Im Laufe der Zeit veralteten jedoch seine Produkte und Dienstleistungen, was zu einem extremen Preisdruck und Preiskampf führte. Dieser Preiskampf trieb das Unternehmen an den Rand seiner Existenz. Was war geschehen?

Das Unternehmen litt an einer enormen Ideenlosigkeit, was neue Produkte oder Innovationen anbelangte. Dies war darauf zurückzuführen, dass es kein etabliertes und standardisiertes Ideenmanagement gab. Dadurch entstanden Ideen wenn überhaupt eher zufällig und wurden sehr schnell in der Organisation als Spinnerei abgetan. Es fehlte der Überblick, welche Ideen überhaupt im Unternehmen existierten und bei den 970 Mitarbeitern bekannt waren bzw. bearbeitet wurden. In einer Studie (vgl. Gundlach, Glanz, Gutsche 2010, S. 429 ff.) mit 166 Unternehmen, von denen 20 Prozent Dienstleister, 3 bis 4 Prozent Handel und der Rest verarbeitendes Gewerbe waren, zeigte sich, dass die Mehrzahl der Unternehmen noch große Lücken in der Anwendung von Innovationsmethoden aufweisen. Gerade im Bereich des Ideenmanagements wird auf die traditionellen Kreativitätstechniken wie Brainstorming, Brainwriting oder morphologischer Kasten zurückgegriffen. So auch in unserem Beispielunternehmen: Kreativitätstechniken waren nur rudimentär vorhanden, und für die Ideenentwicklung waren keine standardisierten bzw. systematisierten Methoden im Einsatz.

Problemdiagnose

Die Bestandsaufnahme des aktuellen Prozesses zur Ideenentwicklung und zur Umsetzung in marktreife Produkte zeigte einen hohen Nachholbedarf. So fehlte ein Gesamtüberblick und auch die organisatorische Eingliederung des Ideenmanagements im Unternehmen. In den drei Phasen des Innovationsprozesses (Abbildung 23.1) – Explorationsphase, Produktionsvorbereitungsphase und Markteinführungsphase – war in der Explorationsphase ein beträchtliches

Ideendefizit zu erkennen. Darüber hinaus war die Eingliederung des Ideenmanagements im inhaltlichen Kontext für alle Beteiligten eher unklar (Abbildung 23.2).

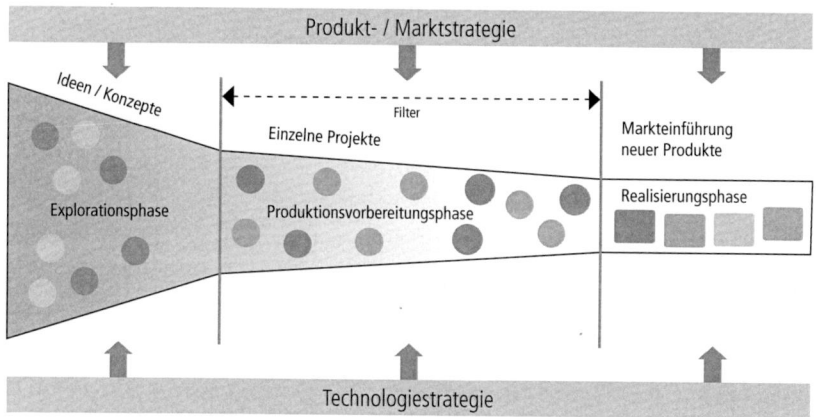

Abb. 23.1 Die drei Phasen des Innovationsprozesses.
(Quelle: Speednovation®, K.O.M. GmbH, 2007)

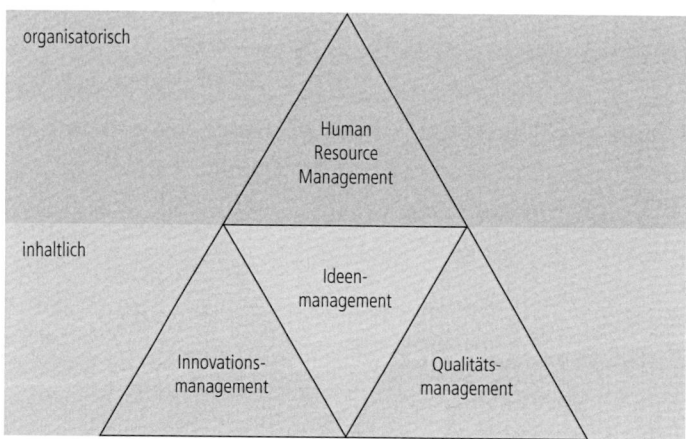

Abb. 23.2 Einführung Ideenmanagement.
(Quelle: Speednovation®, K.O.M. GmbH, 2007)

Bei einem Unternehmen mit einer so hohen Ideenschwäche war es zwingend notwendig, das Ideenmanagement als eigenständigen Inhalt im Unternehmen zu platzieren. Nur so konnte sichergestellt werden, dass das Ideenmanagement aus inhaltlicher Sicht das notwendige Gewicht bekam.

Bei der Detailanalyse zeigte sich dann, dass in unserem Beispielunternehmen der Ideenentwicklungsprozess sowie die Ideenbewertung nicht definiert und standardisiert waren. Damit waren sowohl die Findung als auch die Auswahl der Willkür einzelner Personen unterworfen. Das Unternehmen sah sich auch deswegen vor dem existenziellen Aus, weil einige Ideen trotz erkennbarer Umsetzungsprobleme realisiert wurden. Ein systematisches Controlling zur Ideenbewertung hätte dies verhindern können.

In Summe zeigte sich in unserem Beispielunternehmen ein hohes Maß an Unprofessionalität bei der Entwicklung und Umsetzung von Produkt-/Dienstleistungsideen. Diesen Zustand galt es jetzt zu ändern.

Problemlösung

Zu Beginn der Umsetzung mussten einige Vorarbeiten geleistet werden. In einem ersten Schritt definierte ein Projektteam die zentralen Funktionen eines Ideenmanagements. Hieraus ergaben sich folgende konkrete Inhalte:

- Koordinierung des Bearbeitungsablaufes von Ideen
  - Eingabe in Datenbanken
  - Festlegung der Bearbeitungsverantwortlichen
  - Prioritätsprüfungen
  - Sicherstellung einer schnellen Bearbeitung
  - etc.

- Koordination/Moderation runder Tische und Workshops
  - Vorbereitung und Strukturierung der Ideen
  - Einladung der Teilnehmer
  - Bearbeitungsverfolgung
  - Synergieeffekte nutzen
  - Moderation der Meetings
  - etc.

- Unterstützung der Führungskräfte im Bearbeitungsprozess
  - Prämierungen von Ideen
  - Methoden-Tools
  - Umsetzungsmechanismen steuern
  - Sonderaktionen entwickeln für neue Ansätze
  - Anreizsysteme entwickeln und einführen
  - etc.

- Aufbereitung des Bearbeitungsstatus
  - Quantitative und qualitative Auswertung und Controlling
  - Visualisierung von Zusammenhängen und Abhängigkeiten
  - Statistiken zur Nachvollziehbarkeit
  - etc.

Auf Basis dieser Funktionsbeschreibungen erfolgte die Festlegung des Prozesses eines Ideenmanagement, der in Abbildung 23.3 dargestellt ist. Dieser Prozess wurde für die Ideenbearbeitung dann hinsichtlich seiner Abhängigkeit im Unternehmen beleuchtet.

Abbildung 23.4 gibt das Ergebnis in einer Übersicht wieder. Alle vier beteiligten Personenkreise mussten in den Ideenmanagementprozess integriert und beteiligt werden.

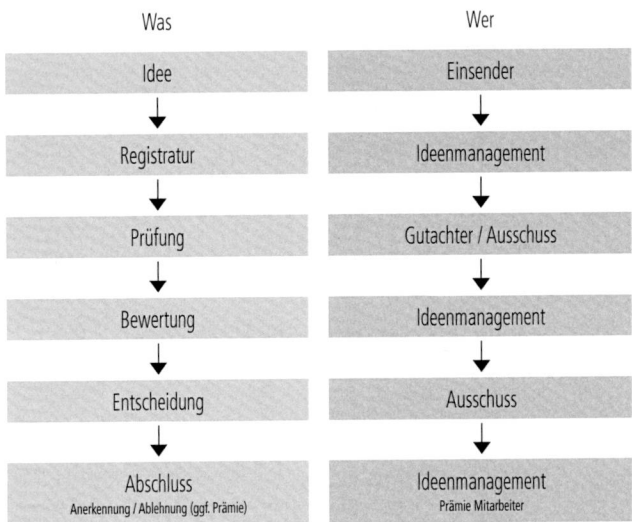

Abb. 23.3 Prozess des Ideenmanagements. (Quelle: Speednovation®, K.O.M. GmbH, 2007)

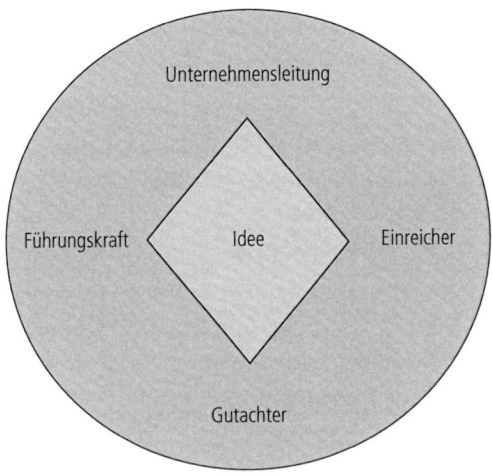

Abb. 23.4 Prozess des Ideenmanagements – Abhängigkeiten im Unternehmen. (Quelle: Speednovation®, K.O.M. GmbH, 2007)

Diese Beteiligung erfolgt dabei in Phasen:

Phase 1: Einreichungsphase

Hier erfolgt die Einreichung von Ideen durch den Einreicher und seinen unmittelbaren Vorgesetzen. Die Ideen mussten auf Vollständigkeit geprüft werden und wurden in den weiteren Bearbeitungsprozess übergeleitet. Zur besseren Übersicht wurden die Ideen in einem Ideenformular erfasst (Abbildung 23.5).

Phase 2: Begutachtungs-/Bewertungsphase

Hier erfolgt die Vorbereitung durch einen Gutachter und die Bewertung durch die Vorgesetzten oder Unternehmensleitung. Dabei findet dann die Zuordnung zum KVP-System oder zum Innovationsmanagement statt. Die Ideen werden stufenweise nach definierten Kriterien in einem Ideenportfolio (Abbildung 23.6) bewertet und dann wird über die weitere Vorgehensweise entschieden. Wichtig ist dabei, dass diese Entscheidungen sehr transparent und nachvollziehbar sind.

Phase 3: Realisierungs- und Abschlussphase

Ab hier begann die Überführung der Idee in die Umsetzung. Je nach Art der Idee wurde die Planung gemacht und die Projektteams zusammengestellt. In unserem Beispielunternehmen war es wichtig, dass die Teams sowohl interdisziplinarisch als auch interkulturell zusammengestellt wurden. Damit sollte vor allem der internationale Anspruch von Innovation eingelöst und die Kreativität gefördert werden.

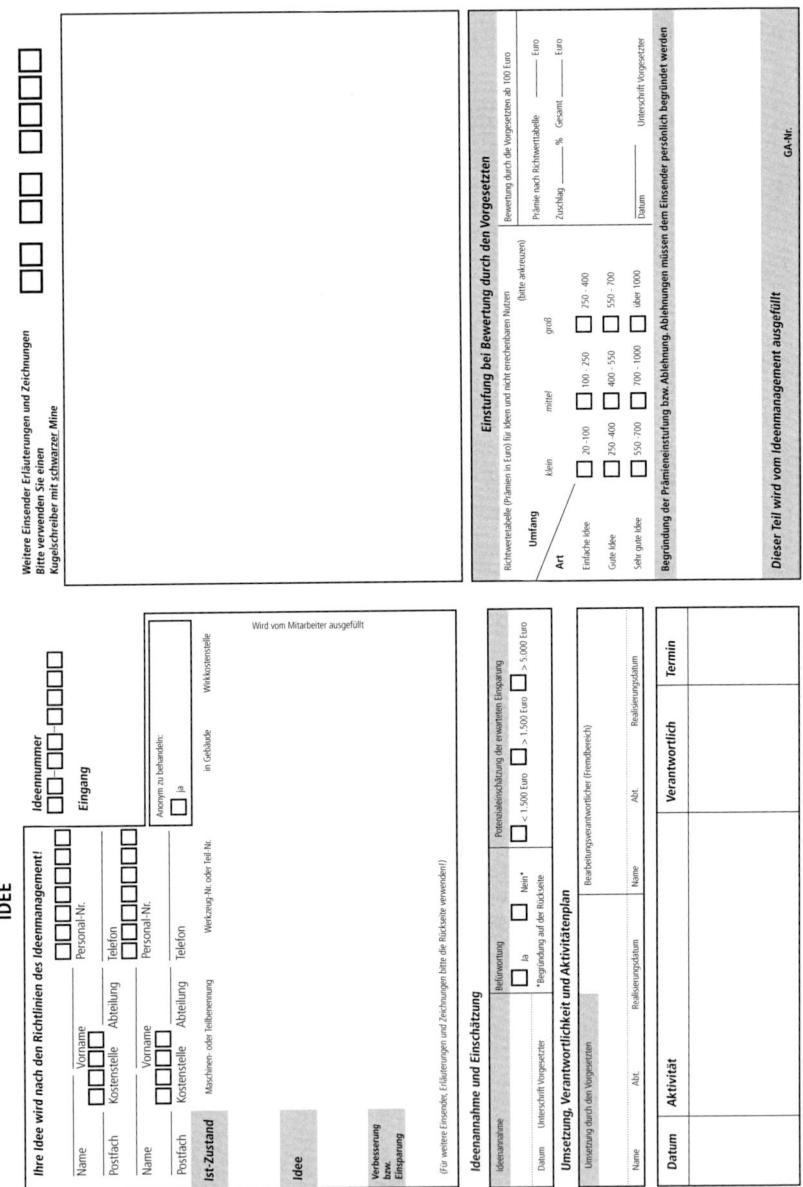

Abb. 23.5 Phasen der Ideenbearbeitung – Ideenformular. (Quelle: Speednovation®, K.O.M. GmbH, 2007)

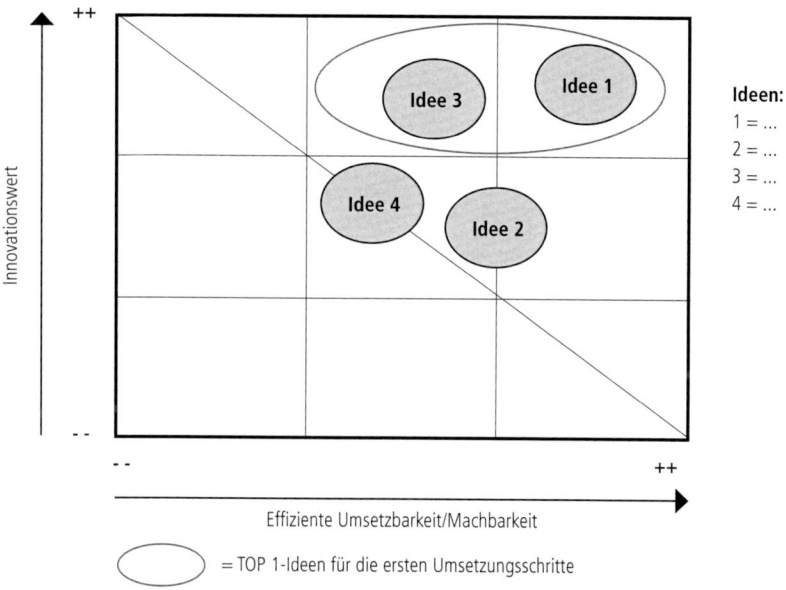

Abb. 23.6 Ideenportfolio zur Ideenbewertung. (Quelle: Speednovation®, K.O.M. GmbH, 2007)

Die Erstellung eines Ideenpapiers diente als Übergabemedium an andere Bereiche, um eine lückenlose und inhaltlich gut nachvollziehbare Übergabe an der Schnittstelle zum umsetzenden Bereich sicherzustellen.

Ein weiterer zentraler Ansatz zur nachhaltigen Einführung eines Ideenmanagements in unserem Beispielunternehmen war die Einführung einer Balanced Scorecard als Kennzahlensystem, mit vier Perspektiven für ein operatives Ideencontrolling (Abbildung 23.7).

Durch die konsequente Nachverfolgung und Messung des Ideenmanagements entwickelte das Unternehmen einen sehr marktorientierten und zukunftsweisenden Ideenpool, aus dem einige marktreife Innovationen hervorgingen. Diese brachten nach einer kurzen Zeit der Einführung auch den gewünschten wirtschaftlichen Erfolg.

Wirtschaftlichkeitsperspektive	Einreicherperspektive

• Errechnete Einsparungen
• Gesamtnutzen
• Nutzen/Mitarbeiter
• Periodenerfolg des IM
• Periodenerfolg/Kosten des IM
	• Zeit bis zur ersten Reaktion
	  VV mit persönlichem Feedback/
	  insgesamt beurteilte VV
	• Annahmequote
	• Umsetzungsquote
	• Prämie/Mitarbeiter
	• Prämie/prämierte Vorschläge

Interne Perspektive	**Entwicklerperspektive**
• Durchlaufzeit • Bearbeitungszeit pro VV • Bearbeitungszeit/Durchlaufzeit • Einspruchsquote • Quote anonymer Vorschläge	• Vorschläge/Mitarbeiter • Einreicher/Mitarbeiter • Investitionsbudget • Bekanntheitsgrad (Befragung) • Abteilungen mit eingereichtem VV/ Gesamtzahl Abteilungen

Abb. 23.7 Operatives Ideencontrolling – Balanced Scorecard (Beispiel).
(Quelle: Speednovation®, K.O.M. GmbH, 2007)

Denkanstöße

■ Wie viele Ideen werden in Ihrem Unternehmen zu echten Innovationen weiterentwickelt?

■ Wie systematisch generieren Sie Ideen?

■ Kennen Sie den Ideenauswahlprozess in Ihrem Unternehmen?

■ Wie fördern Sie die Ideengenerierung in Ihrem Unternehmen?

■ Diskutieren Sie mit Ihren Führungskräften über deren Verständnis eines professionellen Ideenmanagements?

Quelle

Gundlach, Carsten; Glanz, Axel; Gutsche, Jens (Hrsg.): Die frühe Innovationsphase. Methoden und Strategien für die Vorentwicklung, Düsseldorf: Symposion Publishing 2010

Tipp 24: Erfolgversprechende Innovationsstrategien entwickeln

Wann Sie diesen Tipp anwenden können

- ▶ … wenn Ihnen der rote Faden für Innovationen fehlt,
- ▶ … wenn die Mitarbeiter und Führungskräfte im Bereich Ideen- oder Innovationsmanagement orientierungslos sind,
- ▶ … wenn das Unternehmen schneller wachsen soll,
- ▶ … wenn oft widersprüchliche Innovationsprojekte gestartet werden.

Situationsbeschreibung am Beispiel

Für diesen praktischen Tipp wurde ein Unternehmen aus der kunststoffverarbeitenden Industrie ausgewählt. Mit ca. 550 Mitarbeitern ist es ein eher kleines Unternehmen, das im Haifischbecken der Kunststoffhersteller sein Dasein ständig verteidigt. Dieses Unternehmen war lange Zeit deshalb erfolgreich, weil es mit einem Partner aus dem Kundenkreis zusammenarbeitete, der mit unserem Beispielunternehmen gemeinsam Innovationen für den Markt entwickelte. Dieses Partnerunternehmen hatte jedoch einen neuen

Schwerpunkt in seinen Produkten und Dienstleistungen definiert, was zwangsläufig zu einer Umorientierung bei strategischen Partnerschaften führte. Unser Beispielunternehmen war plötzlich ohne strategischen Innovationspartner und somit auf sich allein gestellt. Dieser Umstand sorgte auch dafür, dass die Unternehmensleitung sehr schnell erkannte, wie strategielos sie doch im Bereich ihres Innovationsmanagements war. Der strategische Partner diktierte förmlich die Entwicklungsarbeit in unserem Unternehmen und war auch ausschlaggebend für die Ressourcenallokation in verschiedenen Abteilungen. Diese Abhängigkeit war dem Unternehmen zum Verhängnis geworden. Rückläufige Absatzzahlen und extremer Kostendruck waren die Folge. Neue Märkte ließen sich nur schwer ermitteln, da ein klares, eindeutiges strategisches Profil über eine strategische Identität fehlte. Zu sehr war das Unternehmen in der Vergangenheit mit dem Partnerunternehmen verbunden, als dass es eine eigene Identität und damit auch Innovationsstrategie entwickeln konnte. Jetzt war der Leidensdruck jedoch so groß, dass es keinen Ausweg mehr gab – es musste eine Innovationsstrategie definiert werden. Dies war aber einfacher gesagt als getan. Es fehlte eine Vielzahl von Voraussetzungen im Unternehmen, um ein derartiges Vorhaben erfolgreich umzusetzen. Die Probleme wurden immer sichtbarer und Lösungsansätze blieben vorerst aus.

Problemdiagnose

Als erstes zentrales Problem wurde erkannt, dass die bestehende Unternehmensstrategie nicht nur überaltert, sondern auch nicht innovationsfähig war. Es wurden traditionelle Werte zementiert und Änderungen nur ansatzweise beschrieben. Darüber hinaus zeigte sich noch ein weiteres Hindernis – die Qualifikation der Führungskräfte. Alle Führungskräfte waren hervorragende und sehr fachkundige Spezialisten in ihrem Bereich. Die Entwicklung und Umsetzung einer Innovationsstrategie war ihnen jedoch hingegen fremd. Nicht nur, dass sie sich nicht im Klaren waren, was die Kernkompetenz dieses Unternehmens ausmacht, auch die notwendigen Bausteine einer Innovationsstrategie waren ihnen nicht bewusst.

Erschwert wurde diese Situation noch dadurch, dass die bisherige Unternehmensleitung moderne Methoden zur Strategieentwicklung ablehnte. Das oberste Management ging davon aus, dass sie sowieso genau wussten, was der Markt braucht und was nicht und wie dies umzusetzen wäre. Sicherlich galt dies für die enge Kooperation mit dem Partnerunternehmen, aber für die restlichen Märkte fehlte plötzlich eine klare Ausrichtung. Somit wurde die Strategiedefinition auf Pauschalaussagen wie z. B. „Wir sind der technologische Marktführer" oder „Wir sind ein wertvoller Partner für unsere Kunden" reduziert, plakative Allgemeinplätze ohne direkten Bezug zum Unternehmen, seinen Kernkompetenzen und Innovationspotenzialen. Die Auswirkungen dieser Strategielosigkeit in der Organisation zeigten sich in einem hohen Maß an Verschwendung und Doppelarbeit. Viele Abteilungen arbeiteten nebeneinander her, ohne voneinander zu wissen, dass sie am gleichen Projekt beschäftigt waren. Die Intransparenz wurde noch dadurch gesteigert, dass die jeweiligen Abteilungsleiter sich bewusst voneinander abgrenzten. Dies lag vor allem daran, dass durch das Strategievakuum viele Entscheidungen aus dem Gefühl und der Erfahrung heraus getroffen werden mussten. Dies führte bei fast allen Führungskräften zu extremer Unsicherheit und Versagensangst. Die Psychofalle des Blackout war allgegenwärtig und erschwerte jeden Veränderungsprozess.

Ergänzend hierzu zeigte sich im Rahmen einer Organisationsanalyse, dass die Unternehmung sehr lange schon in veralteten Strukturen und Prozessen unterwegs war, ein Zustand, der bis jetzt durch die gute Auslastung mit dem Partnerunternehmen verdeckt worden war. Wie bei einem Eisberg deckte die regelmäßige Umsatzsteigerung durch das Partnerunternehmen die tatsächlichen Probleme zu. Erst durch das Sinken des Umsatzes, also quasi des Wasserspiegels, kamen alle Schwachstellen zum Vorschein. (Abbildung 24.1)

Als zentraler Problemlösungsansatz war die neue strategische Ausrichtung des Unternehmens ein entscheidender Erfolgsfaktor.

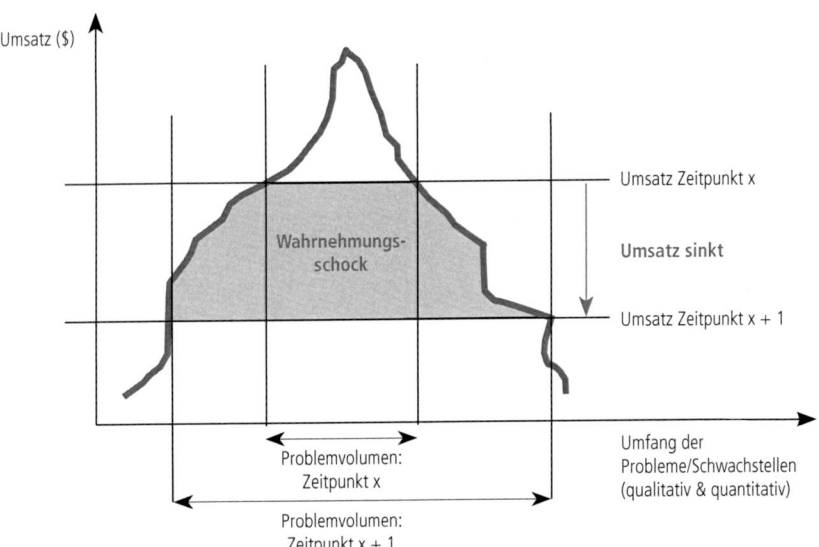

Abb. 24.1 Eisbergtheorie. (Quelle: K.O.M. GmbH)

Problemlösung

So startete dieses Projekt auch mit der Entwicklung einer Unternehmensstrategie als Basis für eine Innovationsstrategie. Dabei wurden alle relevanten Aspekte einer strategischen Ausrichtung bearbeitet. Eine wesentliche Orientierung zur Ausarbeitung gab dabei neben der Methodik zur Entwicklung von Geschäftsfeldstrategien (Abbildung 24.2) die Pyramide der Unternehmensführung (Abbildung 24.3). Basierend auf den definierten Unternehmenswerten und der Geschäftsfeldstrategie sollte die Innovationsstrategie entwickelt werden. Diese Funktionsstrategie für den Bereich F & E konnte jedoch nicht sofort ausgearbeitet werden – es fehlte an Methodenwissen bei den Führungskräften. Aus diesem Grund wurde vorab ein Innovationstraining für die Führungskräfte gestartet, um sie auf den Strategieprozess methodisch und fachlich vorzubereiten.

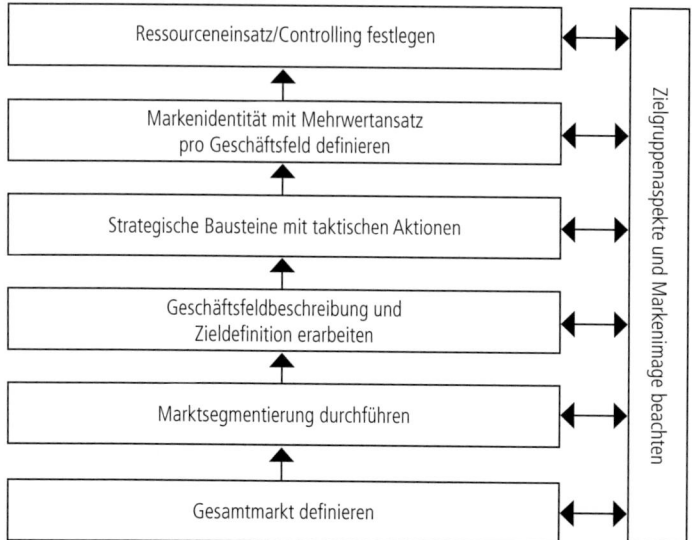

Abb. 24.2 Geschäftsfeldstrategie durch Marktsegmentierung. (Quelle: K.O.M.-Navigator®, 2005)

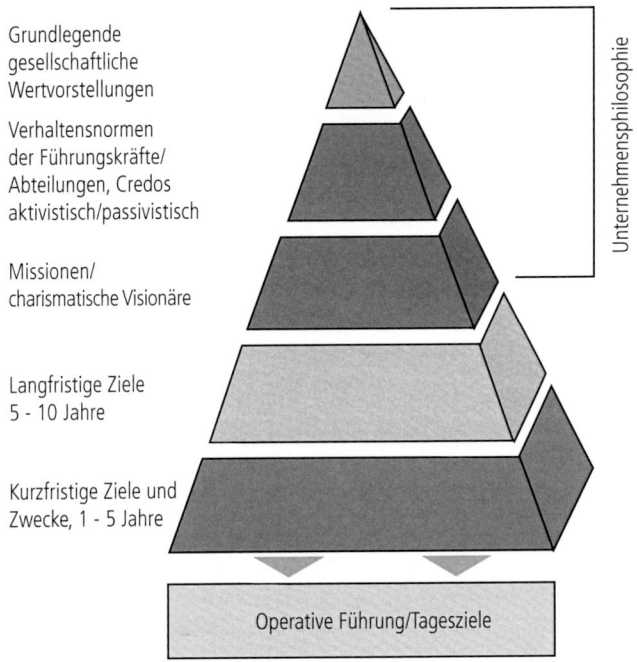

Grundlegende
gesellschaftliche
Wertvorstellungen

Verhaltensnormen
der Führungskräfte/
Abteilungen, Credos
aktivistisch/passivistisch

Missionen/
charismatische Visionäre

Langfristige Ziele
5 - 10 Jahre

Kurzfristige Ziele und
Zwecke, 1 - 5 Jahre

Unternehmensphilosophie

Operative Führung/Tagesziele

Abb. 24.3 Pyramide der Unternehmensführung.
(Quelle: K.O.M.-Navigator®, 2005)

Die Bausteine der Innovationsstrategie waren dabei abgeleitet aus der Marktbilanz, also den Anforderungen der bestehenden und neuen Märkte, sowie der Innovationsbilanz zur Ermittlung der Innovationsfähigkeit des Unternehmens.

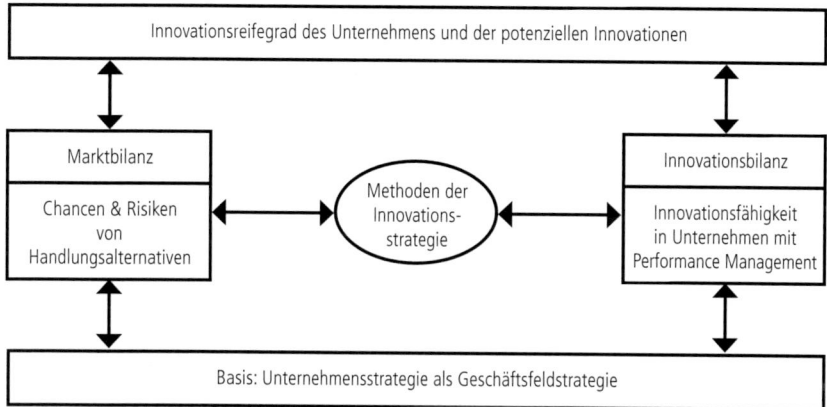

Abb. 24.4 Bausteine/Einflussfaktoren der Innovationsstrategie.
(Quelle: Speednovation®, K.O.M. GmbH, 2007)

Es war zwingend notwendig, vor dem Beginn des Strategieprozesses die Innovationsfähigkeit des Unternehmens zu analysieren. In Abbildung 24.4 ist der Zusammenhang nochmals dargestellt.

Auf Basis dieser Analyseergebnisse wurden nachfolgende Bausteine der Innovationsstrategie ausgearbeitet:

- Innovationsvision und Innovationsmission an Mitarbeiter, Kunden und Inhaber/Investoren
- Kernkompetenzen für die Innovationen
- Potenzialorientierte Portfolios zur Bestimmung der Marktpräferenzen für Innovationen
- Strategische Stoßrichtung des Innovationsmanagements
- Strategische Innovationsziele 2020
- Innovationsphilosophie und Innovationsleitsätze für das Gesamtunternehmen
- Performance-Treiber für eine erfolgreiche Realisierung

- Chancen-Risiko-Portfolio mit Ressourcenallokation
- Taktische Aktionen für die ersten Umsetzungsschritte
- Balanced Scorecard für ein strategisches Innovationscontrolling

Diese Bausteine wurden über verschiedene Workshop-Staffeln entwickelt und mithilfe von validierten Marktdaten überprüft. Damit gelang es dem Unternehmen, neue Märkte für sich zu entdecken und deren strategische Eroberung gezielt einzuleiten. Die Existenz des Unternehmens war dadurch gesichert, insbesondere auch deswegen, weil alle Führungskräfte von Beginn an involviert waren und durch die Qualifizierungskaskaden stets auf den notwendigen Wissensstand gebracht wurden, um dann die Umsetzung erfolgreich zu steuern.

Denkanstöße

- Wie lautet Ihre Innovationsstrategie?
- Welche Bausteine fehlen Ihnen noch in der Strategieentwicklung?
- Welche strategische Identität verfolgen Sie in Ihrem Innovationsmanagement und wurde dies auch ausführlich nach außen kommuniziert?
- Haben Sie eindeutige Ziele für Ihre Innovationsstrategie definiert?
- Wie lautet die Innovationsphilosophie in Ihrem Unternehmen?

Tipp 25: Tradition und Innovation miteinander verbinden

Wann Sie diesen Tipp anwenden können

- ▶ … wenn in Ihrem Unternehmen stets die Tradition als einziger Erfolgsfaktor genannt wird,
- ▶ … wenn viele Mitarbeiter in der Vergangenheit leben,
- ▶ … wenn Neuerungen nur schwer etabliert werden können,
- ▶ … wenn die Mehrzahl der Mitarbeiter länger als 25 Jahre im Unternehmen tätig ist.

Situationsbeschreibung am Beispiel

In diesem Tipp betrachten wir ein Unternehmen aus dem Automotivbereich. Beginnend als kleiner Zulieferbetrieb hat sich die Firma in der dritten Generation zu einem beachtlichen Unternehmen mit über 8000 Mitarbeitern entwickelt. Immer wieder war es die Tradition im Unternehmen, die scheinbar diese Entwicklung ermöglichte. Bei genauer Betrachtung zeigt sich jedoch ein differenzierteres Bild der traditionellen Werte dieses Zulieferers.

Zum einen hat das Unternehmen einen langen und erbitterten Kampf hinter sich, was die Tradition in Kombination mit innovativen Ansätzen betraf. Die Unternehmens-DNA passte lange Zeit nicht zu den Anforderungen an einen modernes Zulieferunternehmen. Nur die intensiven und langjährigen Kundenbindungen sowie eine aggressive Preispolitik retteten das Unternehmen über diesen Anpassungszeitraum. Die Unternehmens-DNA war dabei geprägt von Sorgfalt, Einfachheit, guter Mechanik und wenig Elektronik, technologische Tradition als solide Basis und wenig Veränderungsbereitschaft sowie Offenheit für Neues.

Damit war das Unternehmen in eine Haltung gerutscht, bei der Innovationsbemühungen als echte Bedrohung für das Unternehmen angesehen wurden und weniger als Treiber des Erfolges. Aus Angst vor Neuem wurden die veralteten Produkte besonders gelobt und verteidigt. Mit Aussagen wie: „Das kauft in unserer Branche sowieso niemand" oder „Das ist für unsere Branche viel zu innovativ" oder „Wenn Sie erst einmal so lange dabei sind, werden Sie sehen, dass unsere Kunden nur das Bewährte lieben" wurde jeder Innovationsansatz sofort gestoppt und ins Lächerliche gezogen. Das führte dazu, dass das Produktmanagement sich nur noch um fraktale Innovationen bemühte und echte Innovationen außer Betracht ließ. Das Unternehmen war in seiner eigenen Tradition gefangen und konnte sich selbst nicht daraus befreien, insbesondere so lange die Auftragslage noch so gut war. Aber genau das änderte sich mit der Finanzkrise 2008 schlagartig. Plötzlich brachen die Umsätze ein, und es gab kaum Handlungsalternativen, um dies zu kompensieren. Alle Aussagen zu Tradition und traditionellen Verfahren waren Makulatur geworden – der Markt war zusammengebrochen und suchte nach Innovationen, um selbst wieder Wachstum zu stimulieren. Was waren die Ursachen dafür, dass unser Beispielunternehmen in dieser an sich schon schwierigen Zeit noch mehr Probleme hatte als die Wettbewerber?

Problemdiagnose

Das Unternehmen hatte es in der Vergangenheit versäumt, seine traditionellen Werte mit innovativen Ansätzen zu verknüpfen. Das Gegenteil war der Fall. Tradition und Innovationen wurden nicht nur getrennt betrachtet, sondern sogar in getrennten Unternehmen bedient. Ein kleiner Ableger des Unternehmens löste sich vom traditionellen Denken und spezialisierte sich auf die Suche nach neuen Anwendungen. Alle belächelten den neuen Ableger und es war keinem bewusst, dass gerade dieser Abkömmling den gesamten Konzern aus der späteren Krise führen würde. Interessant war dabei die Ursache für die Abkoppelung vom Mutterkonzern. Im Rahmen eines Strategieprozesses Anfang des neuen Jahrtausends wurde erstmals der Versuch gestartet, die traditionelle DNA mit innovativen Ansätzen zu koppeln. Leider gelang dieses Vorhaben nicht, und das führte dazu, dass sich ein kleines Unternehmen abspaltete, das sich um neue innovative Ansätze in neuen Märkten kümmerte, dies jedoch völlig losgelöst vom Mutterkonzern und auf eigene Rechnung und Risiko. Eine übergreifende und verbindende Strategie zwischen Tradition und Innovation war zu diesem Zeitpunkt nicht möglich. Die Vertreter der traditionellen Werte waren in Schlüsselpositionen tätig und auch in Summe in der Mehrzahl. Ein Meinungsbildungsprozess scheiterte schon im Ansatz. Darüber hinaus zeigte sich noch ein weiteres Problem bei der Zusammenführung von Tradition und Innovation. Viele Machtpromotoren waren dem traditionellen Lager zugewandt und sahen daher nur wenig Anlass für eine Öffnung für eine neue Zeitrechnung. Die Bereitschaft zur Veränderung war sehr gering, was sich dann auch in der Problemlösung als besondere Herausforderung darstellte.

Ergänzend zu diesen traditionellen Machtpromotoren zeigte sich in einer detaillierten Mitarbeiterbefragung, dass die oberste Führungsebene als nicht besonders durchsetzungsstark wahrgenommen wurde und die tatsächlichen Unternehmenslenker eher in der zweiten Führungsebene zu finden waren. Damit sollte die Umsetzung einer kombinierten Strategie von Tradition und Innovation allein auf Basis der Inhalte und Chancen möglich sein, eine direktive Umsetzung schied aus.

Problemlösung

Zur beschleunigten Entwicklung und Umsetzung einer kombinierten Strategie aus Tradition und Innovation half der Umstand, dass die Finanz- und Wirtschaftskrise einen hohen Leidensdruck auf unser Beispielunternehmen ausübte. Aber selbst unter diesen schwierigen Bedingungen suchten die Traditionalisten die Lösung in der veralteten Unternehmens-DNA. Diese Führungskräfte zu gewinnen war damit der erste Projektauftrag. Das Unfreezing (Abbildung 2.3a) erwies sich dabei als besonders schwer. Erst als in Zusammenarbeit mit diesen Führungskräften eine Tradition-Innovations-Matrix (Abbildung 25.1) erarbeitet wurde, entwickelten sich Neugier und die Einsicht, dass beide Seiten sich nicht ausschließen müssen.

Das Unfreezing entwickelte sich weiter zur Change-Phase (Abbildung 2.3b), die insbesondere durch einen intensiven Strategieprozess gekennzeichnet war. Dabei wurde gezielt nach einer strategischen Symbiose der beiden vermeintlichen Antagonisten gesucht. Man fand sie dann in dem kleinen Tochterunternehmen, das sich zu Beginn des Jahrtausends abgespalten hatte. Auf der Grundlage einer Vielzahl von Projekten machte dieses kleine Unternehmen viele praktische Erfahrungen mit der Symbiose von Tradition und Innovation und erkannte vor allem, welche Performance-Treiber hierbei hilfreich sein können:

Traditionelle Werte / Innovative Werte	Einfache Technik	Stabilität der Anwendung	Langlebigkeit der Anwendung	Kontinuität der Anwendung	Fachgerechte Bedienung nötig	…
Leichte Bauweise	Reduktion der Komplexität	Neue Materialien möglich	Neue Materialien erweitern das Einsatzgebiet	Mehrfachnutzung sichergestellt	…	…
Digitale Steuerung	Sicherung der Anwendung	Mehr Effektivität	Frühwarnindikatoren steigern Langlebigkeit	…	Reduktion von Kosten	…
Simplifikation der Anwendung	Passt zur Technik	Steigert die Stabilität	Steigert die Langlebigkeit	…	Spart Kosten beim Kunden und reduziert Abhängigkeit von Fachkräften	
Multifunktionaler Einsatz	Unterschiedliche Einsatzbereiche	…	Durch Mehrfachanwendung langlebiger Einsatz	Breiteres Einsatzspektrum	Unabhängigkeit von Fachkräften	…
…	…	…	…	…	…	

Abb. 25.1 Tradition-Innovations-Matrix zum Werteabgleich (Auszug). (Quelle: Speednovation®, K.O.M. GmbH, 2007)

1.   Evolution statt Revolution

Durch eine langsame, aber sehr hartnäckige Weiterentwicklung der traditionellen Werte in neuen Märkten zeigte das Unternehmen, wie durch evolutionäre Entwicklungen eine neue stabile strategische Identität entstehen kann. Dabei fand ständig eine Interaktion mit bestehenden und neuen Kunden statt. Die führte zu einem Feedback-Automatismus, der gerade für diese Art der Veränderungstaktik ein wichtiger Erfolgsmesser ist. Somit wurden neue Märkte transparenter und das Flop-Risiko stetig minimiert.

2.   Bewusstsein schaffen für den Erfolg

Als kleines Unternehmen war der Ableger unseres Beispielkonzerns darauf angewiesen, dass alle an den Erfolg dieses neuen Weges glaubten, ein Glaube, der sich erst durch wiederholte Gespräche, Diskussionen und Workshops etablieren konnte. Das oberste Management übernahm hier die Federführung und strahlte einen derartigen Optimismus und Siegerwillen aus, dass die ewig Gestrigen langsam aber sicher verstummten.

3.   Erfolg der kleinen Schritte in der Neuausrichtung

Die größte Gefahr für den Ableger unseres Unternehmens war ein Misserfolg in einem der neuen Märkte. Deswegen war die Unternehmensführung auch schon mit kleinen Erfolgen sehr zufrieden. Gerade kleine Erfolge waren es, die den Mut machten, noch weitere Schritte zur Schaffung einer neuen, innovativen Identität zu gehen. Nicht der schnelle Euro stand im Vordergrund, sondern eine systematische Neuausrichtung auf die neuen Märkte. Hier waren kleine Erfolge genauso willkommen wie ein neuer Großauftrag.

Basierend auf diesen Erfahrungen übernahm während der Finanz- und Wirtschaftskrise der Unternehmensableger die Steuerung des Change-Prozesses im Mutterkonzern. Dabei entwickelte es sich zur Speerspitze für Innovationen und neue Märkte. Die Erstaufträge liefen über das kleine Unternehmen, und als es zur Serienreife kam, übernahm der Mutterkonzern die Kunden und die Projekte. Somit gelang es auf ganz sanfte Art und Weise, ein neues Denken im Mutterkonzern zu platzieren, und über die Doppelstrategie mit dem kleinen Unternehmensableger wurde das das Risiko eines Fehlschlages drastisch minimiert.

Denkanstöße

- Wo passen in Ihrem Unternehmen die traditionellen Werte nicht mit den innovativen Ansätzen zusammen?
- Wie oft wird in Ihrem Unternehmen die Tradition betont, um Neues zu verhindern?
- Haben Sie mit Ihren Führungskräften schon einmal die Unternehmens-DNA definiert und diskutiert?
- Welche neuen Märkte könnten Sie erobern, wenn Sie innovativer wären, und warum gelingt es Ihnen nicht?
- Bauen Sie sich eine Tradition-Innovation-Matrix auf!

Dank

Ich bedanke mich bei Frau Eckstein vom Springer Gabler Verlag für die konstruktive und professionelle Zusammenarbeit sowie bei Frau Ellinger für die intensive Zuarbeit.

Ebenfalls bedanke ich mich bei der Familie Hättich vom Hotel Hirschen in St. Märgen dafür, dass sie mich bei meiner Autorentätigkeit so gut versorgt und umsorgt haben.

Der Autor

Winfried Neun ist einer der bekanntesten und profiliertesten Innovationsberater Deutschlands. Als Gründer und Geschäftsführer der K.O.M.® Kommunikations- und Managementberatungs GmbH verfügt Winfried Neun seit mehr als 20 Jahren über Erfahrungen als selbstständiger Berater. Er ist gefragter Referent auf Kongressen und Symposien, Fachautor in namhaften Printmedien sowie im Fernsehbereich und in diversen mittelständischen Unternehmen als Beirat aktiv.

Sein Buch „Nach dem Crash ist vor dem Crash" ist ebenfalls bei Springer Gabler erschienen.

Kontakt:
www.dererfolgsmacher.de
www.kom-neun.de

FSC
www.fsc.org
MIX
Papier | Fördert
gute Waldnutzung
FSC® C083411

Zeitfracht Medien GmbH
Ferdinand-Jühlke-Straße 7
99095 Erfurt, Deutschland
produktsicherheit@kolibri360.de